グローバル関係学 7

ローカルと世界を結ぶ

グローバル関係学 7

ローカルと世界を結ぶ

編集
五十嵐誠一／酒井啓子

岩波書店

刊行にあたって

二一世紀に入り、ＩＳなど武装勢力の突発的な出現、国家破綻と内戦の頻発、路上抗議行動の連鎖など、世界で動乱が多発している。大規模な人の移動が発生し、反動で排外主義や偏狭なナショナリズムが進行している。新型コロナウイルスの世界的感染拡大は、「グローバルな危機」そのものだ。

これらの「グローバルな危機」の、広範な波及性や連鎖性、唐突さは、必ずしも現代にのみ特徴的なものではない。しかし、その原因や背景の多くについて、主に欧米の国家主体を分析対象としてきた従来の学問分野は、十分に解明できていない。なぜなら、既存の学問分野が「主語」のある、主体の明確な出来事しか分析対象とせず、伝統的、古典的な主体中心主義の視座を取っているために、今起きている現象とますます乖離してきているからである。

それに対して、本シリーズが提唱する「グローバル関係学」は、主体よりもその間で交錯するさまざまな「関係性」を分析することに重きを置く。関係性が双方向、複方向的に交錯し連鎖するなかで出来事が起きると捉え、関係性の網のなかにこそ、澱や瘤のように「主体」が浮き彫りになると考える。「グローバル関係学」とは、狭い範囲の地域共同体から超領域的グローバルなネットワークまで、非欧米世界を含めた世界を総体として把握する視座を確立し、主体中心的視座で「みえなかった／みなかった」ものを、関係中心的視座から「みえる」ようにすることを目的とする新しい学問である。

（編集代表　酒井啓子）

目次

刊行にあたって

序章　絡み合うローカルとグローバル——国家を動かすのか、迂回するのか——……酒井啓子……1

I　国家を越える人と思想

第1章　亡命者が媒介する「他者のまなざし」——亡命イラク人と域内・国際政治の関係——……酒井啓子……24

第2章　グローバル化を強いられるイスラーム主義運動——ムスリム同胞団をめぐる関係性の変化と危機——……横田貴之……46

II 歴史のなかのトランスナショナル・ネットワーク

第3章 地中海におけるヨーロッパ内植民地——ドデカネス諸島をめぐる新たな帝国主義と抵抗運動のグローカル・ネットワーク……石田 憲……68

第4章 沖縄はどこからきて、どこへゆくのか——独立の回路を求めて——……佐藤幸男……90

第5章 戦間期におけるアジア・太平洋広域ネットワークをめぐる官民の相互作用——「太平洋問題調査会」を事例として——……高光佳絵……114

III 辺境からグローバルへ

第6章 トランスナショナルな運動の成功と国際的規範の揺らぎ——ラテンアメリカ先住民の事例——……宮地隆廣……138

第7章　辺境からグローバルな権利運動へ
――ボツワナと南アフリカにおけるサンの先住民運動――　丸山淳子　158

第8章　関係性の記憶とその投影
――大規模開発に直面したエチオピア農牧民の生活選択――　佐川　徹　179

Ⅳ　人間と自然の間のネットワーク

第9章　ミャンマーの周縁の森から見た相互依存の連鎖　竹田晋也　200

第10章　「イラク菌」と介入の病理
――細菌という「記録」――　ウマル・デワチ　酒井啓子　訳　222

コラム　医薬品の流通における国の機能と個人・グローバルの接点　清野薫子　239

序章　絡み合うローカルとグローバル

――国家を動かすのか、迂回するのか――

酒井啓子

はじめに

フレデリック・ブルース・トーマスという、アメリカ南部出身の黒人興行師の生涯を描いた本がある(アレクサンドロフ二〇一九)。一九世紀末、解放奴隷の孫、成功した黒人の農場経営者の息子としてミシシッピ州で生まれた彼は、アメリカでの黒人差別を嫌ってヨーロッパにわたり、ロンドン、パリ、ベルリン、モンテカルロなどを旅するなかで、ホテルのボーイなどサービス業界で経験を積み、さまざまな語学を習得した。モスクワを拠点としてレストラン、バー、劇場などを大々的に経営し、遊興界で成功を収めた。その後ロシア革命に出会ってオデッサ経由でオスマン帝国崩壊直前のイスタンブルに亡命、そこでもナイトクラブ経営者として成功をおさめたが、第一次大戦後成立した新生トルコ共和国の下で事業は縮小を余儀なくされ、債務不履行で投獄、拘禁中に病死した。まったく無名のひとりの人間の、実にグローバルな移動――地理的にも、時代的にも、社会階層的にも――の物語である。

フレデリックの例は、よるべない個人がトランスナショナルに移動してグローバル世界で成功を遂げる、ある種帝国主義時代のコスモポリタンの典型的な成功例といえるかもしれない。個人が社会的出自から逃れて、帝国というグローバルな多様性を抱合する世界のなかで、個人の力で成功を獲得する。だが、こうしたコスモポリタン性のなかにも、タローが言う「根を張ったコスモポリタン(rooted cosmopolitan)」のように(Tarrow 2005: 40-42)、いろいろなところにルーツを残していることがわかる。黒人差別の薄さを評価してヨーロッパからロシアへと渡ったとはいえ、そこで彼が「売り」にしたのが独特の黒人訛りでの接客であり、アメリカ南部の黒人社会というルーツは、彼のグローバルな遍歴に常に付きまとっていた。

彼の成功は彼の個人的努力と運によって達成できたようにみえるが、よくみると、そこにはさまざまなネットワークの網があり、そのなかでさまざまなレベルの関係性が、フレデリックというひとつの主体を浮き上がらせたり沈み込ませたりしていることがわかる。なによりも、当時の芸能界というグローバルなネットワークをうまく活用することで、多国籍の労働者を雇用する遊興施設の経営にモスクワでもイスタンブルでも成功したことは、現代の多国籍企業を彷彿とさせる。その一方で、彼は常に国籍の問題にも縛られていた。ロシア国籍を取りながらも繰り返しアメリカの市民権を得るために、米大使館と丁々発止のやり取りをしている。国家主体との関係を時宜に応じて利用していたといえる。さらには、ロシア亡命者を受け入れるというチェコ政府の政策に基づいて息子をチェコに留学させたが、これは政府間関係を利用したものだ。なによりも、モスクワからほうほうの体で逃げてきた難民状態の彼がオデッサで乗船したのは、連合軍が手配した船舶だった。

よるべない個人、あるいはよるべないローカルで小規模な集団が生き残っていくために、まず彼らは出身国内でさまざまな努力を行う。地位保全、向上を求めて、権利獲得運動を、個人や集団レベルで行う。それは自治要求だったり、土地回復要求だったり、文化的多様性の確保だったりするが、政治的に開かれている体制のもとでは政治活動や選挙を通じてその実現を図るし、もし政治的に不自由な体制であれば、暴力行使も含めて政権からの権力奪取の試みへと展開していく。

だが、出身国での努力が報われないとき、ケックとシッキンクが「ブーメラン効果」というように(Keck and Sikkink 1998)、そうした人々は国外のなにかに協力を期待する。組織的なネットワークを通じて国外での協力体制を構築する場合もあれば、二〇二〇年五月から世界中に爆発的に広がった「黒人の命は大事だ(Black Lives Matter)」運動や、それに共振した反差別抗議デモのように、偶発的、突発的な形で連帯のネットワークが形成される場合もある。

本シリーズは、関係中心主義的視座に立って、グローバルな危機をみることを目的としているが、本巻では、グローバル世界のなかでも最も小さく辺境に位置付けられた世界、すなわちローカルな地方共同体、島嶼地方や亡命者などを取り上げ、彼らがどのように国外の国家、非国家、超国家のネットワークのなかで翻弄されるとともに生き延びようとするのか、その主体のレベルを超えたネットワークの作り方とその関係の融通無碍性、多義性に着目する。

その際、出身国の国家主体と対立関係・断絶状態にある非国家主体であるよるべないローカルが生き残るためには、どのような可能性があるだろうか。以下のようなパターンが考えられよう。

① 周辺国など国外に存在する同じエスニック、宗教、部族などの社会集団との結びつき(すなわちトランスナショナルな非国家ネットワーク)に依存。

② ①とは別に、規範やイデオロギー面で共通性を持つ国家からの協力(すなわち非国家主体と国家の間のネットワーク)に依存。

③ NATO、EU、ASEANなど特定の地域で影響力を持つトランスナショナルな国家間ネットワークに依存。

④ 国連などのグローバルな超国家機関や国際法などのグローバルな規範の適用に依存。

⑤ 国際NGOや多国籍企業、市民社会ネットワークなど、グローバルな非国家ネットワークに依存。

本書では、上記①から⑤までのさまざまなレベルでのローカルとグローバルをつなぐネットワークのありかたを、中東、アフリカ、ヨーロッパ、南北アメリカおよび沖縄の例を取り上げて、分析する。その際、そこで結びつけられる関係が、必ずしも単線的、固定的、永続的なものではないことに注目する。政治機会の変化やコミュニケーション手段の発展などによってグローバルなネットワークに扉が開かれたとき、そこでは往々にして、結びつきのあるべき姿や共有されるべき問題意識や目的——言い換えれば規範——を共有することで、ネットワークが広がることが多い(規範の拡散)。だが、運動の展開の過程で、そうした規範は必ずしもそのネットワークに参加する者たちの間で常に共有されているわけではない。参加者の間には、規範に対する認識や適用、規範を共有する他者に対する他者認識のずれが存在するが、こうしたずれはそれぞれの相互関係の変化に応じて、常に変質している。そこに「グローバル関係学」の持つ関係性中心の視座を適用する意味があるのであり、本巻が展開する議論の特徴となっている。

こうした問題意識のもとに編まれた各章の概要を解説する前に、まず、規範のトランスナショナルな拡散を論じた先行研究のいくつかを踏まえたうえで、「グローバルとローカルの複雑な絡みあい」を関係性中心の視座でどのように分析するか、概論を示したい。

一　思想、規範、人のトランスナショナルなネットワークの広がり

冷戦後のトランスナショナル研究

ローカルからトランスナショナル、グローバルに広がるネットワークをどうとらえるかについては、これまで多くの分野で多くの研究がなされてきた。移動をテーマとしてそのグローバルな広がりを現代世界の特徴として論じる議論としては、アーリなどが代表的である(アーリ二〇一五)。また、国境を越えた移動や通信の簡便化をもたらしたSNSや衛星放送などの情報ツールの発展に着目した研究は、近年あらゆる分野にわたり、枚挙にいとまがない。

一方で、トランスナショナルな移動をテーマとした研究は、現代のグローバル化、情報通信技術の

発展に注目される以前から、進められてきた。なか[illegible]でも社会科学分野でいえば、移民・難民問題を扱う国際社会学を除けば（本シリーズでは第六巻が扱っている）、主として国際関係論と社会運動論の学問領域でトランスナショナルな運動やネットワークが論じられてきた。

国際関係論における現代のトランスナショナル研究は、コヘインとナイの古典を別にすれば（Keohane and Nye 1971）、冷戦後、二〇世紀の終わりの同時期に出版されたリセ・カッペン[illegible]ナショナルを取り戻す』と（Risse-Kappen ed. 1995）、ケッ[illegible]ひとつの出発点として位置づけることができるだろう（Keck [illegible]とシッキン[illegible]ナショナルなネットワークの拡大、浸透を規範によって推進されるもの[illegible]運動の活動家など非国家主体の役割に注目した。同時期に社会運動論の観点から『新し[illegible]ショナルなアクティビズム』を発表したタローもまた（Tarrow 2005）、国際NGOの役割に着目した。いずれも人権団体、環境擁護機関、女性のエンパワメントなどに関わるグローバル市民社会の存在を措定し、こうした規範がトランスナショナルな活動家ネットワークを通じて国際レベルに拡散し、そして国家レベル、あるいはローカルなレベルへと浸透していくかを見ることが重要であるとする。

これらの議論では、国家主体の役割の大きさが改めて確認されている。リセ・カッペンは、国家主体に主軸をおき、国内構造と国際機関の制度化の度合いがトランスナショナル関係の成功に最も重要であると主張したが、そこには社会中心的視座に傾斜しがちだったそれまでのトランスナショナル運動分析から脱却すべしという主張が表れていた。

そのため、彼らが分析対象とするのは――タローはトランスナショナルなイスラーム主義運動などの制度化、組織化の明確でない社会運動も取り上げているが――多国籍企業や国際ＮＧＯなど、制度化された組織が主である。そこではこれらのトランスナショナルな主体が掲げる規範に基づき、どこまで現実のさまざまなレベルの政策決定主体の決定に影響を与えられるかに関心が集中する。リセ・カッペンが前述の著作で述べた「複数の社会ないし国家の政府の下部組織と関係を持つ、明確に認定できる行為体・集団が有するトランスナショナルな関係が、いかに政策に影響を与えるかに焦点を絞る」という前提条件は、トランスナショナルなＮＧＯでも制度化された主体であること、国家主体に対して（意図的に）影響力を行使できること、という要素が重視されていることを示している。

規範のローカル化で生じる「ずれ」と多様化

だが、規範は必ずしも国際組織や国際的な制度といった「上からの」トランスナショナルなネットワークを通じて、一方的、単線的に拡散されるだけのものではない。「上からの」視点に対して、規範伝播の対象となる社会に分析の軸を置くのは、アチャリヤである。彼は、規範のローカル化（localisation）が成功するためには、伝播対象となるローカルな社会における行為者がその規範を受け入れることで正統性、権威を得られるかどうか、現地社会に対抗的な規範があるかどうか、といった点を重視する（Acharya 2004：248-250）。

確かに、「上からの」規範拡散がグローバルな国家主体の政策、およびトランスナショナルな活動家のネットワークを通じて、「下からの」ローカルな行為主体と連動し、政治変動に影響を与えるという、単線的なモデルがうまく適用できる例はある。二〇〇〇年前後の東欧、中央アジアにおける民主化要求運動(いわゆる「カラー革命」)は、その例であろう。だが、二〇一一年のいわゆる「アラブの春」になると、むしろその拡散、伝播の経路が単線的、一方向的とは程遠く、複線的、多方向的であるばかりではなく、その過程でゆがみやずれが発生したことが浮き彫りになる。このゆがみやずれを、どう説明できるだろうか。ミナミは、沖縄とアイヌにおける先住民運動を事例として、規範がローカルに定着できない要因として、間違った代表性(misrepresentation)、誤解(misperception)、ミスマッチ(mismatch)があることを指摘する(Minami 2019: 513)。

ここで、ジンマーマンが主張する「規範の翻訳(translation)」に注目してみよう(Zimmermann 2017)。彼女は、「上から」と「下から」のアプローチがともに静態的であることを批判し、「規範の「翻訳」は外部の行為体と国内の行為体の相互作用の結果である」と主張する(Zimmermann 2017: 22)。そして、紛争後のグアテマラを事例として、「グローバルとローカルはこの翻訳過程の繰り返しのなかで複雑に絡み合う結果、グローバルとローカルの境目があいまいになっていく」とする(Zimmermann 2017: 14)。つまり、「上からの」規範導入と「下からの」翻訳が矛盾して齟齬を生じる、という単純な問題ではなく、国内の行為主体とトランスナショナルな行為主体の間のさまざまな交流が、「翻訳」に影響を与えていることの重要性に着目するのである。

グローバル関係学の射程――グローバルとローカルの間の意味の交換と相互作用

この、「グローバルとローカルの複雑な絡みあい」のなかで受容・拒絶・翻訳という相互行為を繰り返す規範、という議論を、本シリーズが提唱する「グローバル関係学」の枠組みで考えると、どうなるだろうか。主体中心主義から関係中心主義への視座の転換を謳う「グローバル関係学」では、トランスナショナルな主体の制度化の度合いや、国家主体の政策決定過程そのものに着目するのではなく、規範の拡散・定着を巡り繰り広げられるさまざまな関係のなかで、それらの主体が掲げる規範や行動形態がどのように変化し、どのように解釈されていったかに焦点を絞る。

むろん、サルターが指摘するように、国家主体が有する「主権」は、トランスナショナルなネットワークが縦横無尽に拡大する現代においても圧倒的に頑強であることは、疑いをもたない（Salter ed. 2015: xvi–xviii）。サルターは、それを以てあえて「グローバル」という用語を使わず、「国家」を意識した「インターナショナル」という用語に拘っている。だが芝崎が指摘するように、「（「国際」）が国家間関係から出発する限り、トランスナショナルな諸力を剰余的ではない形で包含した総合的な世界構成を積極的に提示することは困難である」（芝崎二〇〇六：一九四）。

本書では、芝崎が「国際」とは別に〈国際〉とかっこ付で呼ぶところの「国境を超えて移動するあらゆる物事《ものごと》…が、国境を隔てて存在するあらゆる物事そして物事同士の関係にどのような影響を与えるか、を考察する視点」を含意しつつ、現代のトランスナショナルなネットワークがナショナルな境界を跨ぎ超えるだけではなく、サブナショナルな行為体がナショナルな境界を迂回し飛び越える、より跳躍性を持ったつながりを分析対象に含めて論じることから、「国際／インターナショナル」ではなく「グローバル」の用語を使用する。

二　本書の構成

以上の問題意識のもとに、本書はグローバルなネットワークとローカルなネットワークがいかに相互に影響を与え、あるいは齟齬を生じつつ展開したか、特に冒頭にあげた「よるべないローカル」がどのようにグローバルに自らを繋いでいったのかの①から⑤の点に光を当て、以下の四部構成に沿って論じていく。

第Ⅰ部「国家を越える人と思想」は、トランスナショナルな移動の古典的ケースともいえる亡命を取り上げる。国内での政治活動を封じられた政党が海外に亡命を余儀なくされたとき、彼らの本国との関係、ホスト国との関係はどう変化するのか、そして政党活動への影響にはいかなるものがあるのかを論じる。第Ⅱ部「歴史のなかのトランスナショナル・ネットワーク」では、大戦間期から現在に至る歴史のなかの事象を取り上げ、「帝国」というグローバルなシステムとナショナル、ローカルな関係を論じる。第Ⅲ部「辺境からグローバルへ」では、人権運動や多国籍企業による開発といったグローバルな流れのなかで、ローカルな辺境がどのような生き延び戦略を展開したのかを取り上げる。最後に第Ⅳ部「人間と自然の間のネットワーク」は、環境や感染症といった非・人間と人間との関係がいかに国境を越えてローカルな社会を変質させたか、あるいはローカルな自立性がグローバルな影響に抗する状況がありうるのかを論じる。

第1章「亡命者が媒介する「他者のまなざし」――亡命イラク人と域内・国際政治の関係」(酒井啓

子）は、イラクから海外に移動した亡命政治家の移動経路の変化によってもたらされた彼らの政治的方向性の変質を概観し、域内政治と国際政治の変動が亡命政治家の行動にどのような影響を与えたのかを分析する。湾岸戦争以前には、亡命イラク人政治家の思想と行動に影響を与えていたのは周辺の域内国家主体に限られていたが、湾岸戦争後、英米などグローバルな国家の政策の影響を直接受けることとなった。ここではディアスポラを、出身国、地域内のホスト国、グローバルな大国のホスト国という、三重の関係性の網のなかに浮遊する存在として捉える。そこで、ホスト国や依存相手国と出身国の間に存在する権力関係を前提として、亡命者とホスト国政府との接触、さらにはその間に築き上げられた特別な関係が、亡命政治組織間の関係、亡命組織内部の政治志向や組織編成、および亡命政治組織が持つ対ホスト国、対出身国認識にどのような影響を与えたかを明らかにする。そこには、冒頭の分類では③を除くすべてのパターンを行き来する変容過程を見ることができよう。特にイラクの事例で特徴的なのは、亡命政治家の多くがイラク戦争による政権転覆後イラク政治の根幹に携わることになり、彼らが亡命時代に有していたホスト国との関係を反映させた形で戦後の国内政治が形作られたことである。そこでは、ディアスポラの帰還後のイラク政治運営が、彼らと彼らのなかに「埋め込まれた」内なる他者（ホスト国）との関係性を反映した形で展開されたと論じる。

一方で、第2章「グローバル化を強いられるイスラーム主義運動――ムスリム同胞団をめぐる関係性の変化と危機」（横田貴之）は、近代イスラーム主義運動の原点ともいえるムスリム同胞団を取り上げ、イスラーム主義運動のグローバル化現象とそれを巡る同胞団の方向性を分析する。横田は、アルカーイダなどのグローバルに展開するジハード主義者とは対照的に、近年の同胞団が、特に出発点であるエジプトでグローバル活動に対して消極的であること、そしてそれが国内を重視するローカルな運動としての側面と、国外での活動に比重を置くグローバルな運動としての側面を往復してきたことを指摘する。同胞団がグローバル化を受容せざるを得なくなったのは彼らを取り巻くさまざまなアクターやイデオロギーとの関係性の変化によるものであるが(冒頭の分類の①と②)、特に二〇一三年以降のスィースィー軍事政権下では同胞団に対する国内での弾圧と安全保障化のレトリックが定着し、組織的な変容を迫られている。現在進行中の動向ではあるが、海外での活動に重点を置かざるをえないという現実が、イラクでの事例にみられたようにホスト国からの影響を強く受ける環境を作り上げていくのか、あるいは、積極的に国際展開を活動の主軸としてきたジハード主義勢力同様に行動対象を海外の主体にシフトさせることになるのか、その展開が注目されるところである。

第Ⅰ部が、グローバルなネットワークとローカル、およびナショナルなアジェンダとのかかわりを、トランスナショナルに移動する政治主体に焦点を当てて浮き彫りにしたのに対して、第Ⅱ部では、歴史における帝国支配をある種のグローバルシステムとして、そのなかで、ローカルな潮流とナショナルな潮流が帝国の辺境から相互に絡み合うように胎動してゆく事例を、特に戦間期から第二次大戦期において見ていく。

二〇世紀前半の植民地支配は、辺境を吸収してそれぞれ帝国内秩序を形成していったが、とりわけ島嶼地域においては、複数の帝国的秩序の辺境が重なり合う場として、そのローカル(辺境)とグローバル(中心)の複層的な関係がしばしば表出する。第3章「地中海におけるヨーロッパ内植民地——ドデカネス諸島をめぐる新たな帝国主義と抵抗運動のグローカル・ネットワーク」(石田憲)は、イタリアの植民地支配下にあった地中海のドデカネス諸島の事例を取り上げ、「ギリシア系住民をオスマン帝国のくびきから「解放」したという自負」のもとで「同じヨーロッパ人でキリスト教徒」を統治対象とするという特殊性のなかで、同諸島の「ヨーロッパ内植民地の位置づけ」からどのように抵抗運動が展開し、それがいかにローカルから世界に開かれていったかを論じる。そこでは、島嶼地域での抵抗運動において、ローカル、ナショナル、グローバルと各種のネットワークの間で、さまざまな「関係性」が織りなされていたことに注目し、「地中海からグローカルな地平を照射」することが試みられる。同地域での、政府を「主体」としないグローカルな抵抗運動が、パリ講和会議への陳情という国際機関や国際法へのベクトルを有していた(冒頭にあげた分類でいえば④)一方で、結果的には国家主体が主導する戦争に飲みこまれ、現地住民が形成する「関係性」に基づく組織化、制度化の余地が失われていったことを見れば、この時代におけるナショナルへの流れの強さが浮き彫りにされる。

こうしたローカルからグローバルを俯瞰する姿勢は、歴史学においてはグローバル・ヒストリーとして確立されてきたが(水島二〇一〇、南塚二〇〇七、木畑二〇一〇)、沖縄を巡る議論もまた、ローカル／辺境としての島嶼という文脈で考えることができる。村井(二〇一六：一七―一八)は、沖縄の歴史＝古琉球史を「地域史」と位置付けるが、そこでいう「地域」とは必ずしも空間的なつながりを持つものとは限らず、「無限に多様でありうる「関係性」」と同義であるとする。そして、沖縄に代表される「日本国内の小地域は「日本」という国家的枠組みを経由せずに、グローバルな地域とつながり」えるがゆえに、地域史は「世界史より包括的な概念」であると指摘する。

第4章「沖縄はどこからきて、どこへゆくのか――独立の回路を求めて」(佐藤幸男)もまた、「海域世界における群島思考」が「点在する島々が孤立するのではなく、海と海、人と人をめぐり合わせ、リゾームのように凝集する「多様体」のなかから生成される」ものと捉え、そこに「近代国家の露骨な暴力的介入、国家管理や統制圧力を分節化したり、脱臼させたりして「近代」のありようを」みる。そこでは、「「帝国」に席巻される風景を「周縁」から揺さぶり、統制から避けることで地球の鼓動を伝播しようとする」島嶼景観史や海景認識論といった概念を導入し、これまで複層する歴史の過程で「デモクラシー」を発信し続けてきた沖縄の、「コロナ後」の世界まで射程に入れた思想的未来可能性を論じる。

時代を大戦期、戦間期に戻せば、大国のグローバルな拡張とその支配対象となる辺境(ローカル)を巡る争いは、島嶼地域への支配のみに象徴されるわけではない。それは国家主体、とりわけ大国の非政府組織のトランスナショナルなネットワークを巡る争いとしても立ち現れた。第5章「戦間期におけるアジア・太平洋広域ネットワークをめぐる官民の相互作用――「太平洋問題調査会」を事例として」(高光佳絵)は、戦間期にアジア・太平洋地域の諸問題を論じる民間のトランスナショナルなフォーラムとして設立された「太平洋問題調査会」を取り上げる。日、米、中、豪、印、比など複数の国に支部を持ち、国際的構成をとる決定機関、運営主体を有した同組織は、その客観性と中立性を標榜してアジア・太平洋地域の国際政治に影響力を行使しようとしたが、各国政府は同組織を通じた影響力の行使を企図する。そのなかで、アメリカでの日系移民排斥問題への解決のために日本政府が同調査会に対してとった政策が事例として挙げられるが、そこで日本政府は同調査会の非政治性を求めつつ、国際連盟からの脱退に並行して同調査会の第二の連盟化を望み、その後調査会の対日強硬政策へのシフトに対しては調査会の力を削ぐ形で動いたという、国家主体主導のトランスナショナルなネットワーク利用の典型的な例を見ることができる。そこには、⑤の萌芽的パターンが、④が機能しないところでその代替的な役割を期待され、国家主体の利害に翻弄された事例をみることができる。

④および⑤のパターンに該当する現代的な事例を取り上げたのが、第Ⅲ部である。前述したように、規範の拡散におけるトランスナショナルなアクティビズムに注目する議論の多くが、人権やジェンダー問題、環境問題などにおける普遍的規範の拡散、定着において国際的ＮＧＯや国際法などの果たす役割を強調している(Keck and Sikkink 1998: Tarrow 2005)。なかでも近年国際組織が取り組んでいるのが先住民の権利保障の問題である。第6、7章は、それぞれラテンアメリカ、アフリカの先住民運動の事例を取り上げるが、そこではローカルな運動の在り方、それが置かれた環境、背景によって、トランスナショナルな運動との連結の仕方が異なることがわかる。

第6章「トランスナショナルな運動の成功と国際的規範の揺らぎ――ラテンアメリカ先住民の事例」(宮地隆廣)は、ラテンアメリカにおける「先住民」の規定が、先住民がそこで置かれている社会的位置づけによって可変的なものであることを指摘し、運動が成功し先住民の権利保障という規範が成立すること自体が「先住民の政治的地位を多様化させ、その結果、先住民の一体性を崩してしまう」という側面に光を当てる。そこで問題意識とするのは、「国際的規範の確立に至るほどに運動を成功させた先住民は、その成功以前の先住民と同じ存在であると考えることはできないのではないか」ということである。宮地は、参加国拠出金等をもとにラテンアメリカ先住民の地位向上を図る国際機関、ラテンアメリカ・カリブ先住民開発基金(ＦＩＬＡＣ)の議事録を丹念に読み込みながら、先住民運動が発達するにつれ、ＦＩＬＡＣの調停事業が困難になっていったことを明らかにするが、それは、「先住民の政治的地位が上昇し、ＦＩＬＡＣの重要性や開発政策をめぐる認識が多様化したことに起因」すると述べる。そして、「先住民の利害がもはや同質的ではな」く、「先住民を取り巻く勢力との関係に応じて、自らの選好や行動の選択肢を変えてしまう」と結論づける。

続く第７章「辺境からグローバルな権利運動へ――ボツワナと南アフリカにおけるサンの先住民運動」（丸山淳子）は、同じ先住民であるサンの、ボツワナと南アフリカでの先住民運動の経緯と背景、意味の違いを浮き彫りにする。丸山は、早い時期から先住民運動を開始した北米、オセアニアでの運動がローカルからナショナルに、そしてグローバルへと段階的に拡散していったのに対して、「アフリカなどの「後発」の先住民運動」では「すでにグローバルな先住民のネットワークが構築されていたなかに、いきなり飛び込むかたちで始まった」とする。その結果、「それまで国内では解決され得なかった問題が、グローバルな支援に後押しを受けることにより、かつてないスピードや力をもって解決に向うことが期待され」るとともに、「それぞれの地域や国家において、その機運が十分に醸成されていないまま、運動が進んだり、あるいは持ち込まれた概念や手法などが、地域の実情にそぐわないなどといった齟齬や葛藤が生まれる」という、前述のミナミが指摘する「ミスマッチ」が生じたことを指摘している。ある意味では、グローバルな規範を巡る運動が「個別のローカルな問題解決のためにアドホックに用いられた」とも言え、それゆえボツワナと南アフリカの事例はそれぞれの先住民が置かれてきた社会的位置や歴史的背景によって全く異なる展開をたどった。

他方、第８章「関係性の記憶とその投影――大規模開発に直面したエチオピア農牧民の生活選択」

(佐川徹)は、エチオピア西南端の「辺境」における二〇〇〇年代半ば以降のグローバル企業による大規模な開発を取り上げ、その社会経済的変化が同地に居住するダサネッチ人の生活様態をいかに変えたかに焦点を絞る。そこで佐川が注目するのは、開発による社会変化の結果、その地域の住民間の社会意識、特に生業に対する認識の変化がみられること、そしてその変化の背景には、イタリアによる植民地支配とそれに関連した「ソマリ人」との関係という、過去に経験した「外部アクター」に対する歴史的認識が反映されていたことを指摘する。牧畜中心のダサネッチは、エチオピア政府や企業による開発事業の影響を強く被ったが、その結果、従来蔑視してきた漁労を新たな生業として選択した。そこには、魚の売買のために同地に進出した「ソマリ人」が、かつて植民地時代に「兄弟」としてともにイギリス軍に対抗した」という関係性の記憶が反映されたのである。ここでは、④および⑤のネットワーク形成のありように、埋め込まれた過去の関係性の記憶が影響していることが示されている。

「ローカルとグローバルの絡みあい」は、ヒトや情報だけにおいて起きるのではない。生態環境のなかに、それはよりドラスティックに見られるが、第9章「ミャンマーの周縁の森から見た相互依存の連鎖」(竹田晋也)は、ミャンマーのバゴー山地という、国家領域的には「真ん中」にありながら、逆に国境を超えたさまざまなネットワークから取り残されてきた「周縁の森」における生態の在り方をテーマに取り上げ、特に住民林業に光を当てる。そこでは、イギリスの植民地支配による森林経営から論じ起こして、焼畑民の森林利用と政府の林業経営との間で妥協ともいえる住民林業が成立したことを指摘、外部からの土地収奪に抵抗性を持つ「国有林内での住民の林野利用という土地利用・保有の重層性」に着目する。それによって、たとえば、今後トランスナショナルに波及すると想定される「ＲＥＤＤ＋に続くような温暖化プロジェクト」に対して、外部からの土地収奪を抑制しつつその利点を利用していく可能性を見る。それは、「山村で新しい自律的な生活を営む」という、しなやかな「周縁」のグローバルへの対峙姿勢とみることができるのではないだろうか。

一方で、第10章「「イラク菌」と介入の病理――細菌という「記録」」（ウマル・デワチ）は、細菌のトランスナショナルな拡散を取り上げ、細菌の発達が人間世界の紛争、破壊、暴力の展開そのものを記録することを強調する。イラク戦争（二〇〇三年）以降、アメリカ国内で、在イラク米軍由来と思われる「イラク菌」の存在が取りざたされたことを議論の出発点とするが、「イラク菌」に限らず、戦争や経済制裁といったイラク独自の環境が一般に細菌の耐性を強めたこと、イラク国内での医療崩壊によってイラク人患者がレバノンなど近隣の医療施設への「医療ツアー」で治療・衛生管理を行わなければならなくなり、こうした薬剤耐性の強い菌がトランスナショナルに拡散したことなどを指摘する。

並行して、コラム「医薬品の流通における国の機能と個人・グローバルの接点」（清野薫子）では、医薬品のグローバルの流通とそれへの個人のアクセスという現状が、特に薬事体制の不十分な途上国や紛争国の事例に関して指摘される。このように、国民の生命を守る責務を第一義的に持つ国家の枠組みが融解したとき、細菌、薬剤、患者いずれもが、ローカルからグローバルへとつながって、国境を超えて移動する。

おわりに

最後に、本書第Ⅳ部で触れたインターネットや携帯電話、衛星放送などの情報ツールの発展がネットワークの国家迂回性、跳躍性をもたらすという側面について、現下の新型コロナウイルスの感染症の拡大と、それに並行して発生した反差別抗議活動の拡大という事態を例にして、触れておきたい。むろん、こうした新しい情報ツールであっても、国家による管理、統制から完全に自由であることはできない。それでも、個人がさまざまな言語の情報を世界中から瞬時にして得、交換することができるということは、規範を含めたさまざまな思想、認識の拡散のスピードと翻訳／解釈の幅を、国家による制約や指導を受けずに確保できることに他ならない。

特に、画像(写メール、ビデオ)や短文(ツイッター、ハッシュタグ)による情報交換の活発化は、より説明的な文章による規範や思想の伝播に比べて、規範のローカル化における解釈をますます自由にしている。社会運動におけるシンボルのグローバルな拡散と共有は、特に近年の路上抗議運動において頻繁に見られ、セルビアでの反ミロシェビッチ運動(「オトポル！」)で使用された拳のデザインが「アラブの春」やイランの「緑運動」で使用されたことや、「我々は〇〇だ」という言い回しのスローガンがエジプトでの反ムバーラク運動(「我々はみなハーリド・サイード」)やニューヨークのオキュパイ運動(「我々は九九%だ」)などに伝播したことは、その代表例である。その一方で、「我々は〇〇」という表現は、犠牲者に共感、同調する言い回しとして始められたが、二〇一五年一月のパリにおけるシャルリ・エブド社襲撃事件で「テロ」の被害者を悼む表現として使用され(「私はシャルリ」)、犠牲者の連帯を謳いつつ「犠牲者候補」と「加害者候補」を分別・分断する言葉ともなった。

こうした展開を背景に、二〇二〇年五月末に米・ミネアポリスで白人警官の暴力的な取り締まりによってアフリカ系アメリカ人が殺害された事件は、数年前から米国内で活発化してきた「黒人の命は大事だ」運動を国内で劇的に拡散させたばかりでなく、ヨーロッパ、南米などでの人種差別に対する抗議運動を連動させ、世界規模の反差別運動に発展した。この運動拡散で重要な点は、それが二〇一九年末に発見された新型コロナウイルス肺炎のグローバルな感染拡大と並行して起きたことである。感染症の広がりは、国境の内外を問わず「真の境界」を浮き彫りにした。感染の度合いは、国籍ではなく、貧困や社会的環境など、人が置かれた社会経済的、環境的状況によって、左右されたからである。トランスナショナルな感染拡大が、国境によって覆い隠されて見えなかった社会的格差を浮き彫りにしたといえる。

さらにここで着目すべき点は、感染症対策のために対面での移動や集合の自由が制限された一方で、情報や意味の伝播、規範や思想の拡散に有効な公共空間として、インターネットや衛星通信技術などを通じた情報空間が、対面に代わって有効に機能した点である。いずれの国家においても、新型コロナウイルス感染拡大防止の観点から、集合行動や路上運動を禁止し、個人の行動や人脈が常に監視されるようになった。国家による圧倒的な社会統制が進んだわけであり、トランスナショナルであれナショナルなレベルであれ、社会運動一般は大きな制約を受けた。

その にもかかわらず、「黒人の命は大事だ」運動では、運動は想定を超えて広く連鎖、拡散した。その背景には、対面での情報共有が制限された分、ナショナルな制約の少ないインターネットを通じたグローバルな情報の共有が、ヴァーチャルな公共空間で進行したことがある。特に、ズームなどのネットを利用した会議システムの一般化は、ネット空間での双方向性と対面性を一層現実に近い形で実現している。

こうした情報のグローバルな共有は、市民社会におけるエンパワメントの機会を提供している。新型コロナウイルス自体が新しい、既知の情報の少ない病気であることもあって、さまざまな情報が国家からというよりは世界各地の知識・研究機関や医療関係者から即座に集められ、国籍に関わりなく情報の共有が行われた。むろん、膨大な国家予算を必要とする医療機材の確保や薬剤開発など、国家主体が独占的に統括する分野は多いが、国境に関係なく移動するウイルスを追う科学者ネットワークによる情報共有空間の重要性は、無視できない。それに応じて、国家主体が対応できない医療衛生情報やサービスの提供を市民社会が率先したり(イラクなど紛争地域での例)、新たな治安システムの在り方が「下から」模索されたり(米ミネアポリスでの例)といった、市民社会が新たな自立の在り方を追求する契機が生まれているといえよう。それこそが、グローバルに直接つながるローカルの在り方であり、グローカルな市民社会の土台にあたるのではないだろうか。

参考文献

アーリ、ジョン(二〇一五)『モビリティーズ　移動の社会学』吉原直樹・伊藤嘉高訳、作品社
アレクサンドロフ、ウラジミール(二〇一九)『かくしてモスクワの夜はつくられ、ジャズはトルコにもたらされた』

竹田円訳、白水社
木畑洋一（二〇一〇）「覇権交代の陰で——ディエゴガルシアと英米関係」、木畑洋一・後藤春美編『帝国の長い影——二〇世紀国際秩序の変容』ミネルヴァ書房
芝崎厚士（二〇〇六）「国際関係研究における「帝国」と〈帝国〉」、山下範久編『帝国論』講談社選書メチエ
水島司（二〇一〇）『グローバル・ヒストリー入門』（世界史リブレット）山川出版社
南塚信吾（二〇〇七）『世界史なんていらない？』（岩波ブックレット）岩波書店
村井章介（二〇一六）「古琉球から世界史へ」、羽田正編『地域史と世界史』ミネルヴァ書房

Acharya, Amitav (2004) "How Ideas Spread: Whose Norms Matter? Norm Localization and Institutional Change in Asian Regionalism," *International Organization*, 58(2) (Spring).
Keck, Margaret and Kathryn Sikkink (1998) *Activists Beyond Borders: Advocacy Networks in International Politics*, Cornell University Press.
Keohane, Robert O. and Joseph S. Nye, Jr. (1971) *Transnational Relations and World Politics*, Harvard University Press.
Minami, Daisuke (2019) "Lost in Translation: Problematization of Transnational Activism," *European Journal of International Relations*, 25(2).
Risse-Kappen, Thomas ed. (1995) *Bringing Transnational Relations Back In*, Cambridge University Press.
Salter, Mark B. ed. (2015) *Making Things International, Circuits and Motion*, University of Minnesota Press.
Tarrow, Sydney (2005) *The New Transnational Activism*, Cambridge University Press.
Zimmermann, Lisbeth (2017) *Global Norms with a Local Face: Rule-of-Law Promotion and Norm Translation*, Cambridge University Press.

I

国家を越える人と思想

第1章　亡命者が媒介する「他者のまなざし」
――亡命イラク人と域内・国際政治の関係――

酒井啓子

はじめに

知の移動とそれを運ぶ人々

越境にともなう知識の移動は、現代のグローバリゼーションのなかでは日常茶飯のことである。それは今に始まったことではなく、歴史を通じて、越境する移動者を介した知の伝播が世界の至るところで繰り返されてきた。

歴史を振り返れば、西欧を中心とした帝国の成立とそれによる非西欧地域の周縁化に伴って、グローバル世界における近代西欧の知の拠点化がすすめられた。西欧知の伝播経路は中心から周縁へと一方的な形で確立され、それを媒介する人の移動には、かつてはキリスト教ミッショナリーや直接的な植民地支配による非西欧社会への西欧近代式統治方法の移植という形で、中央から周縁へと移植された(カースルズ／ミラー一九九六：一〇三―一〇五)。しかし、植民地支配の終焉と冷戦構造の終わりによって、そのベクトルは周縁から中心への移動に変化した。移民や難民、ディアスポラや亡命知識人などの移動がそれである。彼らこそが周縁と中央の間の知の伝播を担う、グローバルなネットワークのなかのさまざまな関係性の交錯のなかに漂流する存在だといえるだろう。

移民や難民、亡命者などが媒介する知の伝播について、多くの先行研究をディアスポラ研究に見出すことができる。なかでもディアスポラや亡命知識人の、出身国と移動後に居住するホスト国との間で揺れ動くアイデンティティの複層性は、重要なテーマとして取り上げられてきた。ホロコースト期のユダヤ人亡命者研究はその代表的な例だろう。だがこうした研究では、ホスト国における移動者の社会経済的状況や、異質な文化を抱える移動者のホスト国での適応可能性、心象風景に光を当てるものが多く、移動するものが抱える問題はホスト国の国内問題として論じられる(Adamson and Demetriou 2007: 504)。そこでは、難民／移民集団はもっぱら「沈黙者」あるいは「受動的存在」としてしか捉えられないことが多い(Shain and Barth 2003)。

ディアスポラ研究や移民・難民研究においては、移動するものとホスト国の関係に焦点を絞った研究が主流であるのに対して、アダムソンとデメトリオウは、コンストラクティビズム国際関係論の観点から、ディアスポラと出身国との関係を分析対象とするべき、と指摘する。彼らは、ドイツ在住のクルド人がいかに出身国(トルコ)で行いえなかったクルド・ネイション概念の再構築を行い、トルコ政府による対クルド差別政策にヨーロッパ諸国を通じて影響力を行使したか、出身国と滞在国という二つの国家主体と、トランスナショナルな非国家主体たるクルド人コミュニティとの関係について、事例研究を行った(Adamson and Demetriou 2007)。またディアスポラやトランスナショナルな社会をみるうえで、それらが国家主体や非国家主体から独立した存在であると考えることはできないとの指摘もある(Bauböck and Faist eds. 2010: 23)。

また、国際関係論におけるディアスポラ研究では、扱う国家主体・非国家主体の間の国際政治における権力関係が十分に考慮されていない場合が多いという問題がある。トルコの事例を含めて、ディアスポラのみならず移民・難民の多くが非欧米諸国を出身国とするが、出身国のトルコとホスト国のドイツ、あるいはEU全体との関係は、国際政治のなかでは決して対等ではない。よって、ディアスポラと出身国の関係をみる際、ホスト国と出身国ではその影響力の行使度合いが異なってくる。国際政治の権力関係において優位にある国を亡命先、依存対象としたディアスポラや亡命知識人は、出身国に対して影響力を行使しようとする際、自らが居住するホスト国の出身国に対する優位性を利用するのは当然である。同様にホスト国もまた、自国の利害のためにディアスポラを利用しようとする(Hägel and Peretz 2005: 473)。このように、グローバル社会のなかでの出身国および出身地域の周縁性と、ホスト国の中心性、さらにはその間の権力関係をグローバルな枠組みのなかで考慮に入れる必要があろう。

イラク亡命者を取り上げる意味

本章では、移動するもののなかでも亡命者を取り上げ、その出身国、ホスト国との関係を複層的にとらえる。そのため、一九九〇年代のイラク人亡命者を研究対象として取り上げ、彼らの移動経路の変遷、経路の変化によってもたらされた彼らの政治的方向性の変化を概観し、そこに域内政治と国際政治の変化が亡命政治家の行動にどのような影響を与えたのかを分析する。湾岸戦争以前には、亡命イラク人政治家の思想と行動に影響を与えていたのは周辺の域内国家主体に限られていたが、湾岸戦争後は、欧米諸国などグローバルな国家主体の政策が直接影響を与えることとなった。亡命者の行動を規定する関係性に、出身国政府や域内政治における主体との関係のみならず、グローバルな国家主体との関係が加わったのである。イラク人亡命者は、出身国、地域内のホスト国、グローバルな大国のホスト国という、三重の関係性の網のなかに浮遊する存在として捉えることができる。

亡命イラク人政治家を分析対象とすることで明らかにする点は、ホスト国や依存相手国と出身国の間に存在する権力関係を前提として、亡命者とホスト国政府との接触、さらにはその間に築き上げられた特別な関係が、亡命政治組織間の関係、亡命組織内部の政治志向や組織編成、および亡命政治組織が持つ対ホスト国、対出身国認識にどのような影響を与えたかである。シェーファーは、ディアスポラの出身国、ホスト国との関係を複合的に分析し、ディアスポラの歴史的背景、記憶、エスニックな要素、ディアスポラのホスト国での統合度合、さらにはディアスポラの出身国が国として存在していないかそうでないかで、ディアスポラが出身国／地やディアスポラ・コミュニティに与える影響力が異なることなど、詳細な分析を行っている(Sheffer 2013)。

イラク亡命政治家の事例を取り上げるもうひとつの理由は、彼らの多くがイラク戦争によって出身国たるイラクに帰還し、戦後のイラク政治の担い手となったことである。イラク人亡命者とホスト国や依存相手国、およびその出身国との関係の変化は、亡命から帰還後のイラク国内政治運営に大きな影響を与えた。既存のディアスポラ研究は、基本的にホスト国にほぼ永住状態で居住している人々を

「ディアスポラ」と定義して分析しているため(Shain and Barth 2003: Ogden 2008: 2)、ディアスポラ状態にあるときの彼らのホスト/出身国との関係やトランスナショナルなアイデンティティの変容については論じるが、帰還後の変化や影響については、ほとんど議論がない。帰還後の影響を見ることは、国際政治のなかでのディアスポラの果たす役割を研究する上で、重要な視座を提供することになろう。

一 イラクにおける亡命政治家の系譜

表1-1は、イラクからのディアスポラが亡命した背景、行先が時期によってまちまちであることを明らかにしている。それは、亡命の多くが国内の政権交代に伴うイデオロギー的な方向転換と、それに伴う政治社会エリートの社会階層的な変化によって発生したことからくる。ここで、一九五八年から湾岸戦争(一九九一年)までのイラク亡命政治活動の概要をまとめておこう(1)。

王政期からフセイン政権成立(一九七九年)までの政治亡命

イラクから政治亡命者が集団的に海外に流出したのは、一九五八年の共和政革命と左派系軍事政権の成立が最初であった。王制の転覆とともに王政期政治エリートの多くが国を離れ、さらにその後に実施された農地改革、国有化政策の結果、不在地主層や財界の有力者などの社会経済エリートが亡命した。これらのほとんどは王政期イラクを間接的に支配していたイギリスを亡命地に選んだが、一部は商業的成功を収めてアメリカでの地歩を固めた者もいる。これらの王政支持派の亡命者の活動は主

表 1-1　非国家主体としての亡命者(ディアスポラ，難民)をめぐる三重の関係性

	a. 亡命者(ディアスポラ)	b. 出身国政府	c. 域内国政府	d. グローバルな大国政府
a. 亡命者(ディアスポラ)	分裂→90 年代以降連帯	×(90 年代のクルディスタンを除く)	多様な行先(イラン，シリア)	×→湾岸戦争以降(英)
b. 出身国政府	×(90 年代のクルディスタンを除く)		×	○→湾岸戦争以降×
c. 域内国政府	多様な行先(イラン，シリア)	×	域内的連帯希薄	×(イラン，シリア vs. 米)
d. グローバルな大国政府	×→湾岸戦争以降(英)	○→湾岸戦争以降×	×(イラン，シリア vs. 米)	

として経済活動がほとんどで、それが政治活動に転じるのは湾岸戦争以降のことであった。

次に国を追われたのは、イラク共産党系政治家およびその支持者である。一九五八年に成立した共和政軍事政権は、初期においてはイラク共産党の政策を多く取り入れたが、それに並行して、政権内でアラブ・ナショナリストと共産党の間での権力抗争が始まった。六三年にアラブ・ナショナリスト政権が成立した結果、多くの共産党支持者がイラクを離れた。その後六八年に成立したバアス党政権は、一時的に共産党と形式的な連立を組んだが、八〇年には連立は瓦解、共産党は非合法化された。

共産党支持者が逃れたのは、主として国内で反政府活動を展開するクルディスタン地域であった。だがクルド民族主義勢力のイラク政府との関係は時代により変化し、常に反政府活動に寛容とはいえなかったため、多くが国外に亡命した。一九六〇年代後半以降共産党が移住したのは、主としてリビア、アルジェリア、シリアなど、イラクのバアス党政権と距離を置き共産党に寛容な左派アラブ・ナショナリスト政権下の国であった。またイデオロギー的親和性から、チェコや東独、ルーマニアなど東欧諸国への亡命も多かった。他方、共産党支持者は主として知識人、特に教師、医師、弁護士など高学歴専門職が多く、高度知識を活かして早くからイギリスを活動拠点とする者が少なくなかった。そのため、他のディアスポラに比較して西側先進国での定着度合いは高かったといえよう。

さて、共産党とライバル関係にあったアラブ・ナショナリストは一九六三年以来政権を掌握してきたが、その内部で派閥抗争が繰り返し行われた。主要な対立軸は、(a)バアス党対非バアス党系アラブ・ナショナリスト、(b)バアス党内の派閥抗争(シリア派対反シリア派、出身地域による地縁閥間対立、軍人対文民など)、(c)(b)の結果成立したバアス党内主流派に対するサッダーム・フセインによるパージ、に分類できる。いずれも、フセインが個人に権力を集中させていく過程で、粛清されるか海外に逃亡した。亡命先はそのほとんどが周辺アラブ諸国であったが、上記(b)の対立にはシリアとイラクそれぞれのバアス党の間の思想的政策的対立が大きく反映されていたため、その過程で主流から外されたグループの多くがシリアのバアス党政権に思想的に同調し、シリアに結集した。一部には共産党同様、高度の専門知識を持つものがイギリスに亡命した場合もある。

イスラーム主義政党の亡命

このように、共和制革命からフセイン体制確立過程で国を逃れた亡命者たちは、主としてシリアなどの左派系アラブ諸国か、イギリスをホスト国としてきた。一方で、イスラーム主義政党のホスト国の選定は、これらの世俗主義系亡命者とは異なっている。

イラクにおけるイスラーム主義政党は、スンナ派はムスリム同胞団(一九四〇年)、シーア派はダアワ党（一九五七年）の成立を嚆矢とするが、スンナ派のムスリム同胞団は六〇年代にイラク・イスラーム政党として一時期合法化された以外、ほとんど政治には関与してこなかった。他方、シーア派イスラーム主義政党は、特に七〇年代後半以降政治性を強め、弾圧を受けた。特に一九七九年のイラン革命以降、ダアワ党はイラン革命政権への支持を強め、政権との対立姿勢を先鋭化させた。党創立者であるムハンマド・バーキル・サドルとその妹が八〇年に殺害されて以降は、ダアワ党を始めシーア派イスラーム主義政党の支持者はほぼすべての国内活動を封じられ、海外に亡命を余儀なくされた。

政治活動家のみならずシーア派住民一般に対する迫害も行われ、一九六八年のバアス党政権成立の直後から、イランとのつながりを持つとされるシーア派住民の国外追放が相次いだ。六九年には約二万人のシーア派アラブ人が、七一年には四万人のシーア派クルド人が、イラク人としての国民性を否定されて国外に追放された。八〇年にイラン・イラク戦争が始まると、シーア派住民の国外脱出は増加、特にイランへと逃れた。この結果、ＵＮＨＣＲ（国連難民高等弁務官事務所）によれば、二〇〇一年時点でイランに避難しているイラク人は二〇万四〇〇〇人に上っていた（ＵＲＬ①）。イラクにおいて、難民、あるいは集団としてのディアスポラの発生は、七〇年代以降のシーア派住民のイランへの追放が最初の事例だということができ、それまでの世俗系知識人のシリア、イギリスへの亡命とは、規模的に一線を画している。

一九八〇年代に急増したイランにおけるイラク人亡命者コミュニティを背景として、シーア派イスラーム主義政党はイランに活動拠点を確立した。その代表的な例が、八二年に在イラン亡命イラク人イスラーム主義者の間で結成されたイラク・イスラーム革命最高評議会（ＳＣＩＲＩ。二〇〇七年にＩＳ

CIと改名)である。SCIRIは、当初ダアワ党やイスラーム行動組織などの主要政党を含めた亡命シーア派イスラーム主義政党を取りまとめた上部組織として、イラン・イスラーム政権の全面的な支援のもとに成立した。SCIRIは、在イラン亡命イラク人の保護、国境地域の難民救済など、積極的な社会活動を行うとともに、イラン・イラク戦争で公然とイラン側を支援して軍事組織を動員し、イラク南部の国境周辺湿地帯で反政府ゲリラ活動を展開した。だが、当初統括組織として成立したものの、SCIRIは実質的にはハキーム一家の支配する親族経営的組織へと変質した。そのため、もともと上部組織の支援を必要とせずに活動展開できる力を持っていたダアワ党やイスラーム行動組織は、八〇年代後半にはSCIRIの統括から離れ、独自の政治活動を展開した。

二 湾岸戦争からイラク戦争までの亡命拠点の変化

以上のように、イラク人亡命政治家は、共産党系、アラブ・ナショナリスト系、シーア派イスラーム主義系と、それぞれの時代の支配政権とイデオロギー的に対立する諸勢力が、それらがイデオロギー的に親和性を持つ周辺国をホスト国として亡命対象とし、ホスト国の政権からの支援のもとにそれぞれ独自に政治活動を行ってきた。これらを「イデオロギー系亡命政党」と呼んでおこう。

ここで留意したいのは、これらのイデオロギー系亡命政党とは対照的に、王政期の亡命者が積極的な政治活動、政治組織化は行わず、イギリスを活動拠点として主としてビジネス上の成功を追求してきたことである。彼らは、上記のイデオロギー系亡命政党とは、基本的に距離を置いてきた。

ところが、湾岸戦争後、状況が一転した。第一に、湾岸戦争でイラクのフセイン政権が米英などグローバルな大国と対立関係に陥り、対フセイン政権反体制派とこれらグローバルな大国政府との利害が一致した。第二に、湾岸戦争でイラク体制転換の可能性が高まったため、個別に活動を展開していたイデオロギー系亡命政党が、ポスト・フセイン体制を見越して共闘、統合を目指す志向が生れた。

本節では、中東域内のそれぞれの拠点において活動してきたイデオロギー系亡命政党が、湾岸戦争を契機にいかに「対フセイン政権反体制派」として統合され、グローバル大国たる米英の政府に依存するようになっていったかを概観する(2)。

湾岸戦争を契機とする反体制派活動統合パターンの変化

イラク国外に点在する主要な反体制派の統合、連帯の試みは、湾岸戦争以前も存在した。特にシリアをホスト国とするイラク反体制派諸派の間では、七〇年代以降、繰り返し共闘戦線設立の動きが見られた。七一年にイラク・バアス党の親シリア派が中核となって、アラブ・ナショナリスト勢力とイラク共産党の一部が共闘組織を結成したのが、在シリア亡命勢力の共闘組織化の出発点にある。

一九九〇年にイラクがクウェートに軍事侵攻し、国際的にフセイン政権への非難が高まると、シリアでの反体制派共闘の試みも本格化した。この時までにシリアに支部を置いていたシーア派イスラーム主義政党へも共闘呼びかけが広げられ、九〇年一二月にはイスラーム主義各派が共産党を含む左派集団とともに参加した初めての組織として、共同合同委員会(ＪＡＣ)が設立された(3)。ＪＡＣは九一年三月の湾岸戦争終了直後、ベイルートで反体制派の共闘集会を開催し、上記で挙げたイデオロギー系亡命政党に加えてクルド諸政党が参加、二五政党・四組織、九人の主要政治家が結集して、過去最大かつ最も包括的なイラク反体制派集会となった。

ベイルートでの集会の特徴のひとつは、イデオロギー系亡命政党に加えて王政期政治エリートに起源をもつ親英米の亡命知識人の一部が参加したことである。そこには、湾岸戦争開始以降アメリカおよび親米アラブ諸国の間で、フセイン政権崩壊を予測してポスト・フセイン体制の受け皿を準備する動きが活発化していたことが反映されている。湾岸戦争開戦直後、ロンドン在住の亡命イラク人約四〇人がサウディ政府の支援をうけてサウディ、エジプト、シリアを歴訪した。この時派遣団に参加したものは主として王政派亡命知識人と非バアス党主流派のアラブ・ナショナリスト勢力で、サウディの他、アメリカからも資金援助を受けていた。並行して、湾岸戦争直後の大規模な反政府暴動（インティファーダ）の鎮圧の結果、南部イラクから多くのイラク人がサウディアラビア方面に脱出、難民化したが（Romano 2005）、その後米英に移動したケースも多数見られた（大津留二〇一六）[4]。

こうした展開は、亡命イラク人統括の主導権がシリアから米英および親米諸国に移ったことを意味する。同時に、国外での反体制活動の中心が、シリア拠点のイデオロギー系亡命政党から、米英が支援する組織化されていない個人の、国内での政治基盤も持たない活動経験の薄い亡命政治家たちに移ったことでもあった。アメリカは国内外での政治活動歴のないアフマド・チャラビ元ペトラ銀行総裁を米政権による支援の窓口とし、反体制派の対米接触の窓口を一本化しようと試みたのである。

亡命反体制組織の一本化は、一九九二年のイラク国民会議（ＩＮＣ）の結成と同年六月のウィーンでの決起集会開催となって実現したが、ここで中心的役割を果たしたのは主としてロンドン在住の個人活動家であった。会議参加者は個人、団体含めて八七代表に上ったものの、主要イスラーム主義組織、共産党、アラブ・ナショナリストは参加を拒否した。とはいえ、これらのイデオロギー系亡命政党も米英の影響力を無視することはできず、同年一〇月にクルディスタンのサラーフ・アッディーンで開催されたＩＮＣ大会には参加、徐々に米英との接近を開始したのである。

アメリカとの協力関係構築

ＩＮＣ自体は、その後ダアワ党など主要な組織が離脱するなど、上部組織としての機能を果たし続けたとはいいがたいが、米英主導のイラク亡命組織統括の流れは続いた。一九九五年にフセイン大統領の娘婿フセイン・カーミルがヨルダンに亡命したことを契機に、イヤード・アッラーウィ率いるイラク国民合意団（ＩＮＡ）のアンマン支部開設を支援したのは、その例である。イランやシリアなどといった既存の中東域内ホスト国はその多くが反米政策をとっていたため連携できず、米政権は新たな域内ホスト国として親米国ヨルダンとの連携を追求した。

この背景には、湾岸戦争後多くのイラク人がヨルダンに流入したことがある。湾岸戦争やその後の反政府暴動の鎮圧の被害のみならず、引き続きイラクに課された経済制裁によって困窮したイラク人が周辺諸国に避難（Chatelard 2009）、なかでもヨルダンには、ＵＮＨＣＲによれば一〇〇万人にも上るイラク人が流入した（ＵＲＬ②）。米英は、ヨルダンに脱出するイラク人のなかから、イラク政府・軍出身の有力者に着目し、ＩＮＡを利用してポスト・フセイン政権の受け皿作りを進めた。

こうしたなかで、一九九八年以降クリントン米政権は、フセイン政権に対する対決姿勢を強化し、その打倒を目指すべく対イラク外交政策を転換した。当時共和党内で台頭しつつあった新保守主義者たちがＩＮＣなどの親米亡命イラク人との接触を強めており、議会内に対イラク強硬政策志向が強まっていたからである。その結果、米上院は同年九七〇〇万ドルの反体制派軍事支援法（イラク解放法）を可決、「アメリカの政策はフセイン政権を排除することを目指す」とし、九九年一月には支援対象の選定が行われた。

ここで注目すべき点は、支援対象とされた団体に、親米クルド勢力や、湾岸戦争後米英が亡命組織統括窓口にしてきたＩＮＣとＩＮＡに加えて、イランを活動拠点としてきたＳＣＩＲＩの名前が挙げられたことである。これまで述べてきたように、湾岸戦争以前に域内ホスト国に拠点をおいて反体制活動を展開してきたイデオロギー系亡命政党は、湾岸戦争以降の米英主導の亡命組織統括機関と距離を置きつつも一定の関与を行ってきた。だが、「イラク解放法」で前者の代表格であったＳＣＩＲＩが直接に米政府の支援を受けたことは、亡命組織全体がイデオロギー的差異や域内ホスト国との関係を超えて、グローバルな大国との関係を最優先させる方向へと転換したことを示している。同じシーア派イスラーム主義政党のダアワ党はここには選ばれず、党自身もイデオロギー的立場から対米依存を望まないとの姿勢を示していたが、九九年に開催されたＩＮＣ会議では元ダアワ党員のムワッファク・ルバーイーがＩＮＣの幹部的立場に選ばれるなど、間接的な関係は維持されていたといえよう。

三　亡命活動拠点の変化に伴う各政党の政策変化と組織変容

ところで、イラク解放法は支援対象に対して条件を示している。それは「民主的価値観を持ち、人権を尊重し、周辺国との平和的関係を維持し、イラクの領土的一体性を維持し、他の民主的反体制派に協力的でなければならない」という点である。

こうした欧米社会の規範を受け入れる必要性は、ニールセンが「民主主義や人権について語ることがディアスポラの成功の秘訣」と述べているように(Østergaard-Nielsen 2001: 231)、湾岸戦争以降欧米諸国をホスト国とする亡命組織の間で認識されてきたことであった。だがそれは、特に民主主義概念について否定的な見解をとってきたイスラーム主義政党にとって、簡単なことではなかった。

たとえば、ほとんどのシーア派イスラーム主義政党が思想的始祖とするバーキル・サドルの見解を見てみよう。彼は、「民主的資本主義」が、個人の利益の保証を前提とすることを問題視し、「あらゆる倫理的な枠組、自分自身に関する精神的な配慮を廃棄する」こととなり、「多数者がシステムの選択、法の制定、ならびに運営に関して決定力をもつこと」、すなわち代表制民主主義体制のもとでは、「専制的な支配が維持され、他者の権利、利益が無視、悪用されるといった事態が…今なお存続している」と述べている(酒井一九九九:八二—八三)。

本節では、イデオロギー的亡命政党がこれまでのホスト国を、周辺のイデオロギー的に親和性のある政権の国から、イデオロギー的には対立的であった欧米諸国に変更するに際して、新たなホスト国がもつ欧米的価値観や認識枠組みにどう対応したのか、影響されたのだとすればそれはどのような形で影響されたのかについて、見ていく。その変化は、イランに活動拠点を置いてきたシーア派イスラーム主義政党において最も顕著にみられるが、ここでは(a)民主主義に対する認識の変化、(b)ホスト国であったイランとの関係変化に伴う党内勢力バランスの変化、(c)イデオロギー的に異なる他の反体制組織との関係およびそれらとの共闘についての認識変化、を取り上げる。

シーア派イスラーム主義政党における「民主主義」認識と旧ホスト国との関係の変化

一九九〇年代以降、従来のイスラーム主義政党を離脱して個人で対米接近を進めたイスラーム主義者のなかには、「イスラーム的オールタナティブとしての民主主義」といった発想がみられるようになっていたが(酒井一九九九:八四)、こうした態度変容は、個人政治家に限ったことではない。ダアワ党は、これまでその政治綱領を公開してこなかったが、九二年に初めて公式に発表し、基本的人権の尊重を明確に謳うとともに、思想、信条、政党結成の自由など個人の自由を認める内容を盛り込んだ。そこでは「民主主義」という用語を明示的に使用してはいないものの、「民意表現手段」としての議会制度、選挙制度の導入を主張した。

こうしたシーア派イスラーム主義政党の、イランから米英へというホスト国の変更は、イスラーム主義政党内部での分裂を惹起した。そのことを表すのが、ダアワ党ロンドン支部とテヘラン支部の齟齬である。一九九八年、テヘラン支部のイデオローグ、ムハンマド・アースィフィーが、現存の師事すべき宗教指導者をイランの最高指導者ハーメネイーに特定するとの方針を発表したが、これが党政治局の反対を招いた(Shanahan 2004, 酒井一九九九)。党政治局には同党のロンドンなど非イラン系支部の影響が強かったため、この党を二分しかねない対立に、イラン拠点対欧米拠点の対立という側面が強く反映されていたことは、明らかであろう。

宗派・エスニシティに基づくポスト配分という発想の移植

欧米に活動拠点を移したシーア派イスラーム主義政党の間でさらに問題になったのは、反体制派の統括組織化の過程で生まれた諸勢力の間での権力分有の発想である。ＩＮＣは最高指導部として三人からなる評議会を設立したが、それは「スンナ派・シーア派・クルド民族」という三つの社会集団を代表する形で設定された[5]。ここで重視されたのはイデオロギー的な立場ではなく、亡命政党が帰属する宗派やエスニシティだったわけである(酒井二〇一六：一一三―一一四)。

ここには、西欧のオリエンタリズム的中東観、つまり中東のイスラーム世界が宗派、民族的に分裂しモザイク的な社会構成をとっているがゆえに、近代的国民国家建設が困難である、という発想が色濃く反映されていた。ゆえに、イデオロギー系亡命政党はその西欧的視座にいち早く警戒心を示した。当初シーア派イスラーム主義枠にムハンマド・バーキル・ハキームＳＣＩＲＩ議長の名前が挙げられたにもかかわらず、ＳＣＩＲＩが代表するのはシーア派に限られるわけではないと主張してこれを辞退したのは、そうした背景からの判断であった。

だが、米英主導の宗派・エスニシティ別の権力分有構想は、イラク戦争後の政治構想において否定されるどころか、定着、拡大した。戦後アメリカは、イラク統治評議会の任命(二〇〇三年七月)に始まり、宗派、エスニシティ別の人口比率を閣僚、要職ポストに当てはめる政策を取ったのである。亡命政党はいずれも、こうしたアメリカの戦後政策に批判的な姿勢を示しつつも、結果的に宗派別の権力分有システム(muḥaṣṣaṣa)は亡命政治勢力によって担われた歴代政権に継承され、強化されていった。これは国内で政治批判がなされる際に最も糾弾される点であり、後述するように、反政府抗議活動のたびにその廃絶が要求されている。にもかかわらず、現在に至るまで払拭できずにいるのは、権力分有の発想が亡命政党を中心とした戦後政治エリートの間に深く定着していることを示している。

おわりに――イラク戦争後の帰還亡命者による政治支配エリート層の形成

シーア派イスラーム主義政党の政治思想の変質と反体制派統括の枠組みとしての権力分有システムは、イラク戦争後、これらの亡命政治家たちがイラク国内に帰還し戦後政権の中核を担うことで、イラクの国内政治運営に反映された。いわば、域内やグローバルな影響力を持つホスト国との接触によって亡命者の思考に内在化された、戦後イラクのあるべき政治体制や対外関係に関するホスト国の認識枠組みが、戦後政権による実際の政治運営を規定したのである。本シリーズ第一巻第1章(酒井)で提起した「埋め込まれた関係性」という概念を用いれば、亡命政治勢力の帰還後のイラクでの政治運営は、彼らと彼らのなかに「埋め込まれた」内なる他者(ホスト国)との関係性を反映した形で展開されたのである。

そのように考えれば、イラク戦争後に国内のシーア派社会で発生した反米・反政府運動が、なぜ戦前に予測できなかったかが理解できる。国内のシーア派社会のなかからアメリカのみならずシーア派亡命帰還政治家に激しい批判を投げかけたのは、国内基盤に依拠して反政府姿勢を維持してきたムクタダー・サドル率いるサドル潮流であった。彼らは亡命経験を持たないことで、ダアワ党やＳＣＩＲ

Iのような欧米的価値観の取り込み必要性を感じる機会がなかった。そのことが直截な反米ナショナリズムにつながり、亡命経験のない社会層から多くの支持を集めたのである。特にサドル潮流が批判対象としたのが権力分有システムで、二〇一七年四月以降テクノクラート重視の組閣を求めて対政府抗議活動を繰り広げた。権力分有への民衆の忌避感は、政権の腐敗に対する批判の高まりとなって噴出し、二〇一九年一〇月に発生した路上抗議運動での戦後体制の全否定へとつながっている(酒井二〇二〇)。

亡命経験のないサドル潮流には「ホスト国としてのアメリカのまなざし」は埋め込まれてこなかった。そのため、国内社会と切り離されてホスト国での価値観、政治文化を「埋め込まれた」亡命政治家主導の戦後の支配エリートとの間で、あるべき政権について認識のずれが生じたといえよう。「ホスト国のまなざし」が埋め込まれているかどうかという要素に着目することで、イラク戦争後のイラク政治対立を最も適切に説明することができる。

一方で、前述の路上抗議運動で示されたような、近年のイラク国内での親イラン派と反イラン派の対立もまた[6]、「ホスト国のまなざし」が埋め込まれているかどうかの観点から説明できる。SCIRIをはじめとする親イラン・シーア派イスラーム主義政党には、湾岸戦争までイランをホスト国としてその意向が「埋め込まれて」きたが、九〇年代以降依存相手を米英にシフトしたことで、「ホスト国としてのアメリカのまなざし」が埋め込まれた。しかし、SCIRIを出発点として分派した諸組織のなかには、アメリカとの関係を強く意識したものと、イランとの関係をより強く意識したものとあり、その「ホスト国のまなざしの埋め込まれ方」に濃淡がある。オバマ政権、トランプ政権と続く米政権の中東からの退出という事態を迎えて、かつてのホスト国であったイランとの関係が、イスラーム主義政党の間で改めて「掘り起こされた」ともいえる。同じ亡命帰還政党であっても、ダアワ党ロンドン支部に所属しイランをホスト国とした経験を持たないハイダル・アバーディ元首相と、イラン亡命中に軍事組織として育成されたバドル部隊が対立し(7)、二〇一八年選挙で競い合ったのは、どのホスト国との関係が掘り起こされるかによって、その政治志向性が決定づけられる、ということをよく現している。

域内関係や国際関係の変化は、亡命者の対ホスト国への依存関係やホスト国の選択を変化させる。亡命者がホスト国を変えることで生じる、亡命者とグローバルあるいは域内の国家主体との関係の変化は、彼らのイデオロギーや政策志向、対外的姿勢を変質させる。さらに、亡命政治家間の関係や、亡命者たちがホスト国とした国々の間の関係、さらには亡命政治家と国内諸勢力との関係をもまた、変化させる。このように、亡命者の行動、政治志向は、亡命過程で関与したさまざまな国との関係や、それらが抱える政治的価値観をめぐる認識の違い、ひいては出身国社会との関係など、複雑な関係性の交錯のなかで揺れ動くものであり、かつ亡命者のなかに埋め込まれたホスト国との関係の記憶によって、左右されるものである。ヘーゲルとペレツは、社会優先の視座が非国家主体の自立性を過度に強調することを批判して、国家主体のディアスポラに対する優位性を強調したが(Hägel and Peretz 2005)、本章はホスト国の意向に翻弄されたとしてイラク亡命政党を国家主体中心主義に還元して論じるものではない。むしろ、亡命政党に埋め込まれたホスト国のまなざしは、その時の政治環境によって融通無碍に掘り起こされ、現実のホスト国との関係を裏切る。このように見れば、亡命者は国際政治の「受動者」では決してなく、複層的な「グローバル関係」の交錯を体現する結晶そのものなのである。

注

(1) 以下、亡命諸組織のデータについては、一九九六―九七年に筆者がロンドン、ダマスカスなどで行ったイラク人亡命政治家に対するインタビューに基づく。

(2) なお対フセイン政権反体制派として重要な役割を果たした政治組織にKDP(クルディスタン民主党)、PUK(クルディスタン愛国同盟)などのクルド勢力があるが、彼らは国内のクルディスタンに活動拠点を置き、ディアスポラ組織としての機能は相対的に低いため、ここでは扱わない。

(3) イスラーム主義諸組織の根幹とする政治思想が、共産主義と世俗ナショナリズムの伸長に対抗して成立したものであることを考えれば、この共闘は画期的なものであった。

(4) 二〇〇〇年時点でアメリカ居住のイラク人は、米人口統計局によれば、九万人とされている。

(5) 最高指導部に選ばれたのはクルドからマスウード・バルザーニ、シーア派はムハンマド・バハル・ウルーム、スンナ派からはハサン・ナキーブであった。

(6) 二〇一九年一〇月の路上抗議活動では、イラクにおけるイランの影響力の強さに反発して、デモ隊がイラン領事館を襲撃する事件が発生した。

(7) バドル部隊は、八〇年代SCIRIの軍事部門としてイラン国内で設立されたが、イラク戦争後独立して「バドル機関」として政党化した。二〇一四年「イスラーム国」がモースルやアンバール県などイラク国土の三分の一近くを制圧した際、これに対する祖国防衛部隊として「人民動員機構」(PMU)が設立されたが、そのPMUで主導的役割を果たしたのがバドル機関であり、その要請を受けたイラン・イスラーム革命防衛隊のクドゥス部隊であった。Sakai and Marfleet eds.（2020）参照。

参考文献

大津留（北川）智恵子（二〇一六）『アメリカが生む／受け入れる難民』関西大学出版部

カースルズ／ミラー（一九九六）『国際移民の時代』関根政美・関根薫訳、名古屋大学出版会

酒井啓子（一九九九）「遠隔地イスラミストと国際政治――イラク反体制派の事例を中心に」『国際政治』第一二二号（宗教と国際政治）

酒井啓子（二〇一六）「現代イラク政治における部族と政治権力の関係（特集 部族と中東政治）」『中東研究』二〇一六年度（一）

酒井啓子（二〇二〇）「イラク「十月革命」が目指す未来――女性・若者が切り拓く非暴力運動のゆくえ」『世界』二月号

Adamson, Fiona B., and Madeleine Demetriou (2007) "Remapping the Boundaries of 'State' and 'National Identity': Incorporating Diasporas into IR Theorizing," *European Journal of International Relations*, 13(4).

Bauböck, Rainer and Thomas Faist, eds. (2010) *Diaspora and Transnationalism Concepts, Theories and Methods*, Amsterdam University Press.

Chatelard, Geraldine (2009) *Migration from Iraq between the Gulf and the Iraq Wars (1990-2003): Historical and Sociospacial Dimensions*, ffhalshs-00364961f.

Hägel, Peter and Pauline Peretz (2005) "States and Transnational Actors: Who's Influencing Whom? A Case Study in Jewish Diaspora Politics during the Cold War," *European Journal of International Relations*, 11(4).

Ogden, Chris (2008) "Diaspora Meets IR's Constructivism: an Appraisal," *Politics*, 28(1).

Østergaard-Nielsen, Eva (2001) "Diasporas in World Politics," Daphne Josselin and William Wallace, eds., *Non-State Actors in World Politics*, Palgrave.
Romano, David (2005) "Whose House is This Anyway? IDP and Refugee Return in Post-Saddam Iraq," *Journal of Refugee Studies*, 18(4).
Sakai, Keiko and Philip Marfleet eds. (2020) *Iraq since the Invasion: People and Politics in a State of Conflict*, Routladge.
Shain, Yossi and Aharon Barth (2003) "Diasporas and International Relations Theory," *International Organization*, 57(3).
Shanahan, Rodger (2004) "Shi'a Political Development in Iraq: the Case of the Islamic Da'wa Party," *Third World Quarterly*, 25(5).
Sheffer, Gabriel (2013) "Integration Impacts on Diaspora-homeland Relations," *Diaspora Studies*, 6(1).

ＵＲＬ
① https://www.unhcr.org/news/latest/2003/4/3ea6b1714/new-hope-iraqi-refugees-iran.html(二〇一九年一二月一五日閲覧)
② https://www.migrationpolicy.org/article/jordan-refugee-haven(二〇一九年一二月一五日閲覧)

第2章 グローバル化を強いられるイスラーム主義運動
――ムスリム同胞団をめぐる関係性の変化と危機――

横田貴之

はじめに

二〇〇一年の「米国同時多発テロ事件(九・一一事件)」以降、アルカーイダや「イスラーム国(ＩＳ)」など過激なイスラーム主義運動の活動が世界の耳目を集めてきた。彼らは、異教徒や不信仰者に対する軍事的攻撃をジハードと称して世界各地で遂行してきた。「ジハード主義者」(保坂二〇一七:一三)と呼ばれる彼らの活動は、世界各地に張り巡らされたグローバルなネットワークによって支えられており(高岡二〇一九)、イスラームという宗教に基づく運動のグローバルな展開を我々に示した。シリアやイラクで「国家建設」を主張した「イスラーム国」は欧州やアジアから多くの戦闘員をリクルートし受け入れていたように、ジハード主義者たちはその目的を達成するために自発的、積極的にグローバル化するという戦略を選択してきた。

こうしたイスラーム主義運動のグローバル化は、ジハード主義者らに限った現象ではない。非暴力的な活動を柱とする穏健なイスラーム主義にも、グローバルな活動を行う運動は多い。(1) しばしば現代中東最大のイスラーム主義運動とされるムスリム同胞団も同様にグローバルな活動を展開している。一九二八年にエジプトで創設された同胞団は、二〇世紀前半には周辺諸国に支部を設け、一九八〇年代前半には各国の同胞団の協力・調整機関である「ムスリム同胞団国際機構」を立ち上げた。「グローバル・イスラーム運動」(Rubin ed. 2010)とも呼ばれる同胞団は、イスラーム主義運動のグローバル化において先駆的な役割を果たしてきたといえよう。現在も、中東や欧州を中心に多くの拠点を持ち、グローバルな活動を展開している(Vidino 2010; Milton-Edwards 2016; Perry 2019)。

しかし、近年の同胞団をよく観察してみると、必ずしも彼らがグローバルな活動を自発的・積極的に行っている訳ではないという興味深い事実に気付く。これは、創設の地であるエジプトの同胞団に特に顕著である。後述するように、そのグローバルな活動は、彼らを取り巻く様々なアクターやイデオロギーとの関係性の変化の中で選択せざるを得なくなった結果といえる。自発的・積極的にグローバルに展開するジハード主義者とは対照的に、近年の同胞団のグローバルな活動は受動的・消極的な性格が強く、むしろグローバル化を強いられているという状況にある。それだけではなく、グローバル化によってもたらされた危機にエジプトの同胞団は直面している。

本章では、関係性から現象を分析するというグローバル関係学のアプローチに依拠して、エジプト同胞団のグローバル化とその帰結である危機を読み解きたい。具体的には、「分析の手がかりとする…出来事を入り口とし、そこにおいて状況依存的に錯綜した背景にある通時的関係性として、それぞれ固有の社会的現実の文脈(「水流」)を構築する複数の順系列的で過程的な繋がり」(本シリーズ第一巻第

2章（松永）による）を見出すことを目指し、三つの関係性から同胞団のグローバル化という現象を順系列的な繋がりから説明したい。すなわち、第一にエジプトにおける歴代政権との関係、第二にジハード主義との関係、第三に同胞団の「安全保障化（securitization）」をめぐる外部との関係である。本章では、この三つの関係性を論じた上で、グローバル化が同胞団にもたらした危機を分析する。

一　エジプトにおける歴代政権との関係

王制期（二〇世紀前半）

ムスリム同胞団はエジプトでハサン・バンナーによって設立された。彼は世俗化といった社会風潮や西洋諸国によるイスラーム世界の分割・植民地化に強い危機感を抱き、イスラームの教えの正しい実践こそがムスリムの直面する諸問題を解決する唯一の方策と考えた。バンナーは、伝統的なウラマー（イスラーム法学者）やスーフィー（イスラーム神秘主義）教団では危機に対処できないと考え、イスラームの教えの正しい実践に基づく新しい政治・社会改革運動として同胞団を創設した。イスラームに関する専門知識を有さない一般民衆も参加できる組織作りが進められ、彼らを主体とする改革運動が行われた（横田二〇〇九：二三二―二三八）。同胞団は急速な発展を遂げ、一九四〇年代末には人口約二〇〇〇万人のエジプトにおいて、約五〇万人のメンバーと同数の支持者、約二〇〇〇の支部を擁する同国最大のイスラーム主義運動になったとされる（Mitchell 1969: 328）。

バンナーが活躍した二〇世紀前半のエジプトは、ムハンマド・アリー朝（一八〇五―一九五三年）の時代であった。バンナーは王室に好意的な見解を持っており、また王室や政府も同胞団におおむね寛容であったため、同胞団はかなり自由な活動ができた。当時の同胞団はバンナーを頂点とする中央集権的なヒエラルキー構造を持ち、エジプト国内の村落部にまでその末端は至っていた(横田二〇〇九：二六)。カイロの本部には、同胞団の唱えるイスラームの教えを広める教宣部、学生部、労働問題部などの部局が存在し、エジプト国内での活動に力が注がれた。

当時の同胞団では、バンナーによって団員に示された思想が組織の基本指針となった。彼は、「個人から、家庭、社会、政府へ」という段階的なイスラーム化を唱えた。その射程はエジプト一国を越えて、イスラーム世界の再興をも視野に収めるグローバルな性格を持っていた(バンナー二〇一五：一〇四—一〇七)。同胞団本部には、イスラーム世界向け渉外部門(通称「国際局」)が設けられ、エジプト国外へ向けた教宣活動が行われた。二〇世紀前半には、パレスチナ、ヨルダン、シリアなど周辺アラブ諸国・地域で同胞団の支部や関連組織が設立された。当時の同胞団の支部設立には二つのパターンがあり、一つはエジプト同胞団が直接支部を設けるパターンであり、パレスチナがその代表例とされる。もう一つは、エジプト同胞団に思想的影響を受けた人々が母国で同胞団系の組織を設立するパターンであり、ヨルダンやシリアの同胞団がその例である。エジプト同胞団の指導者は「最高指導者」と呼ばれ、各国同胞団の指導者は「最高監督者(ムラーキブ)」と呼ばれる。二〇世紀前半、中東各国の同胞団はエジプト同胞団を中心に協力関係を保ちつつ、それぞれが一定の独立性を持って活動した。また、第一次中東戦争(一九四八—一九四九年)では、エジプト同胞団はパレスチナのアラブ系住民支援のために義勇兵を戦闘に派遣した。二〇世紀前半のエジプトにおいて、同胞団は比較的自由な政治環境で国内活動へ重心を置きつつ、積極的・自発的に越境的な活動を同時に行っていたのである。

ナセル政権期(一九五六―一九七〇年)

一九四〇年代末になると、エジプトでは同胞団を取り巻く政治環境が悪化した。同胞団内で政治活動への比重が次第に高まった結果、彼らの政治的伸長に対して政府が強い警戒を抱いたためである。こうした中、組織防衛を名目に同胞団内で設立された「秘密機関」は、警察幹部や政府要人の暗殺など過激な対応をとった。一九四八年の同胞団の非合法化、同年の秘密機関によるヌクラーシー首相の暗殺、翌年の秘密警察によるバンナー暗殺などの事件の連鎖も、同胞団が置かれる状況の悪化に拍車をかけた。また、バンナー没後の同胞団では後継者争いに端を発する内部対立が深刻化した。判事出身で穏健なハサン・フダイビーが第二代最高指導者に選出されたが、内部対立を収拾できなかった。

一九五二年にエジプト軍青年将校を中心とする「自由将校団」のクーデタが起こり、翌年に共和制へ移行した際も、分裂状態の同胞団は一致団結した対応を取ることができなかった。そして、同胞団はクーデタ後に革命政権を率いたガマール・アブドゥン・ナーセル(大統領在任一九五六―一九七〇年、以下、ナセル)との権力闘争に敗北した。当初、同胞団はナセルら自由将校団が率いる革命評議会と友好関係を持ったが、一九五四年のナセル暗殺未遂事件を契機に再び非合法化された。一九五〇―一九六〇年代にはナセル政権による激しい弾圧を受け、エジプト国内で同胞団は組織解体の状況に陥った。ナセル政権期、同胞団の活動は厳しく禁じられ、多数のメンバーが逮捕・投獄された。政権批判を続けるメンバーには処刑された者もあった。逮捕を免れたメンバーの中には地下潜伏する者もいたが、エジプト国外へ脱出して亡命生活を送る者も存在した。亡命メンバーの多くは、サウディアラビアなどのアラブ諸国や英国など欧州諸国で活動を継続した。サウディアラビアへの亡命メンバーの中には、現地でビジネスを成功させて財を成す者もいた(ケペル二〇〇六:七二)。

二〇世紀前半の王制期とは異なり、ナセル政権期の同胞団は厳しい政治環境下に置かれた。政権の苛烈な弾圧によって、エジプト同胞団は非合法とされ、逮捕を免れたメンバーは地下活動か亡命生活を選択するしかなかった。ナセル政権の弾圧という受動的・消極的な理由によって、彼らはグローバルな活動の比重を高めざるを得なかったのである。エジプト同胞団がグローバル化を強いられる中、二〇世紀前半に進められた各国同胞団の連携は停滞した。その理由は、中心となるべきエジプト同胞団が壊滅状態に陥ったため、エジプトをハブとする各国間協力が困難になったためである。この結果、ナセル政権期には各国同胞団間の協力・連携も低調となり、各国における同胞団の独立性が強まった。

サーダート政権期からムバーラク政権期(一九七〇—二〇一一年)

一九七〇年、ナセルの急死後、副大統領のアンワル・サーダートが大統領に就任した(在任一九七〇—一九八一年)。ナセルの死去は、エジプト同胞団に政治環境の好転をもたらした。大統領に就任したサーダートは権力基盤の強化のために、競合者であったナセル主義者ら左派の影響力を削ぐことを目指した。その際、左派への対抗勢力として利用されたのが、同胞団などのイスラーム主義運動であった。サーダートは同胞団の非合法状態を継続したが、同胞団のエジプト国内での活動再開を黙認した。第三代最高指導者ウマル・ティリムサーニーは、エジプト国内における活動を優先し、社会奉仕活動を通じた同胞団の組織再建に注力した。彼は既存の法秩序の下での合法活動路線を採り、政権との全面対決の回避と組織存続の優先を基本方針とした。非合法組織ながら政権との対決を回避するという一種の共存関係は、サーダート政権と同胞団の間の基本的な関係となった。この時期には、各国同胞団との連携・協力の再構築を目指す動きも一部であったが、エジプト国内での組織再建が優先された。また、ナセル政権期にサウディアラビアなどに亡命していたメンバーの帰国もあり(ケペル二〇〇六：一一六)、グローバルな活動よりもエジプト国内でのローカルな活動への注力が目立った。

サーダートの死後に大統領に就任したムバーラク(在任一九八一—二〇一一年)も同胞団の非合法状態を解除しなかったが、おおむねその活動を黙認した。エジプトでの同胞団とムバーラク政権との関係は、基本的に前政権期の共存関係を継承するものであった。政権との共存関係が安定的に推移する中で、組織再建に成功した同胞団は政治活動に乗り出した。一九八〇年代以降、同胞団は専門職組合の理事会選挙や人民議会(国会)選挙に参加し、メンバーを当選させた(横田二〇〇六：九九—一〇〇)。二〇〇五年の議会選挙では、同胞団は非合法組織であったが、メンバーを無所属候補として擁立することで、事実上の最大野党となった[2]。危機感を覚えたムバーラクは権威主義的な性格を強めて同胞団への抑圧を強めたが、同胞団と政権の共存関係に大きな変化はなかった。

サーダート、ムバーラク政権期のエジプト同胞団は国内でのローカルな活動を優先していたが、一九八〇年代までにエジプト同胞団の主導で各国同胞団間の協力関係の再構築を目指して「同胞団国際機構」が設立された。この国際機構は、エジプト同胞団の最高指導者を議長に一四カ国、二地域からの代表各二名からなる評議会で運営され、各国同胞団の内紛へ国際機構が介入して調停することもあった（小杉二〇〇六：二九七―二九八）。ただし、こうした越境的、グローバルな活動の試みは短期間かつ限定的なものにとどまり、エジプト国内での活動を優先する指針は基本的には変わらなかった。当時のエジプト同胞団は比較的寛容な政治環境下で国内でのローカルな活動を優先したのである。

「アラブの春」からスィースィー政権期（二〇一一年以降）

「アラブの春」に伴うムバーラク政権の崩壊は、同胞団にとって大きな転機となった。同政権崩壊後、軍最高評議会による暫定統治（二〇一一―二〇一二年）が行われた。その下で実施された議会選挙で同胞団の傘下政党である「自由公正党」が第一党となり、大統領選挙では同胞団出身のムハンマド・ムルスィーが当選した。また、同胞団の非合法化も二〇一一年に解除された。ムルスィー大統領の在任はわずか一年（二〇一二―二〇一三年）と短命であり、かつ在任後半は独善的な政権運営によって国内政治が麻痺状態に陥ったため（横田二〇一九：一九三―一九四）、彼らが目指していた政策を論じることは難しいが、内政と外交を通じて同胞団の理念を実現しようとしていたようだ。内政面では、同胞団は行政府と立法府を掌握し、省庁や国営メディア等でのメンバー登用人事やイスラーム的教育の導入を試みた。また、パレスチナ支援、カタルやトルコとの連携強化、イランのアフマディーネジャード大統領との首脳会談実現など独自の外交を進めた。ムルスィー政権期の同胞団は極めて自由な環境下で、グローバルなレベルでも自らの理念を実現するべく積極的・能動的に臨んだ。

しかし、二〇一三年になるとムルスィー政権への国民の不満が高まり、同年六月には大規模な抗議デモが発生した。そして、翌月のエジプト軍によるクーデタでムルスィー政権は崩壊した。クーデタを先導したアブドゥルファッターフ・スィースィー国防相は、直後に成立した暫定政権を実質的に主導し、二〇一四年の大統領選挙で当選を果たした。彼は同胞団のテロ組織指定と再非合法化を行ったため、エジプト国内で同胞団の活動は厳しく禁じられ、多数のメンバーが逮捕・投獄された。同胞団メンバーを対象とする軍・治安部隊による摘発も頻繁に行われている。エジプト国内で社会奉仕活動を秘密裏に続けるメンバーや地下潜伏中のメンバーも確かに存在するが、国内での活動はもはや不可能と考えてトルコや英国などエジプト国外に拠点を設けて活動を継続するメンバーは多い。この状況はナセル政権期と酷似している。厳しい弾圧という受動的・消極的な理由によって、エジプト同胞団は組織存続のためにグローバルな活動に重点を置かざるを得ない状況に追いやられている。

以上、本節で論じたように、エジプトにおける同胞団と歴代政権との関係は、同胞団のエジプト国内・国外での活動の比重を強く規定してきた。政権との対立や共存といった関係性の変化に応じて、同胞団は好むと好まざるにかかわらず、国内を重視するローカルな運動としての側面と、国外での活動に比重を置くグローバルな運動としての側面を往復してきたのである。「アラブの春」以降に顕著なエジプト同胞団のグローバル化は、この関係性の変化の一局面として理解すべきである。

二　ジハード主義との関係

二〇世紀後半に顕在化したイスラーム主義の一潮流であるジハード主義は、エジプト同胞団と密接な関係を有している。一九五〇—六〇年代のナセル政権による弾圧は、代表的イデオローグであるサイイド・クトゥブなどの同胞団メンバーが急進化する契機となった。同胞団の秘密機関への関与などの罪で懲役刑に服したクトゥブは、獄中での劣悪な生活や拷問を経験したことで、その思想を急進化、先鋭化させた。彼の代表的著作である『道標』はイスラームとジャーヒリーヤ(イスラーム以前の無明時代)の善悪二元論的な世界認識を示し、ナセル政権に批判的な立場を示した(小杉・横田二〇〇三：四九－五四)。クトゥブは武力による政府打倒を主張していた訳ではないが、ナセルはその思想を危険視し、一九六六年に扇動の罪で彼を処刑した。クトゥブの死後、彼の思想を出発点に国家への不信を深め、ジャーヒリーヤに対する武装闘争を主張する「クトゥブ主義」と呼ばれる過激な思想潮流が登場した。クトゥブ主義はその後のジハード主義者たちの思想的根拠になっており、エジプト同胞団はジハード主義の根源の一つともいえる。

これに対して、一九七〇年代の同胞団はジハード主義との決別に努めた。サーダート政権下で同胞団を指導したティリムサーニーは、同胞団が目標とするイスラーム的統治とはイスラーム法を施行する統治であると定義した。彼はその実現を訴えたが、武装闘争による政権奪取は目指さなかった。イスラーム法施行の実現のみを目標とし、既存の政治体制をそのまま承認したのである(飯塚一九九三：五〇－五二)。彼は既存の政治制度のルール内でのイスラーム法施行を要求することで、政権との全面対決の回避と組織存続の優先を基本方針とした。この結果、エジプト同胞団では、武装闘争が活動の選択肢から外されることになった。ティリムサーニーら指導部は、同胞団内のクトゥブ主義者ら急進派を排除し、バンナー思想の系譜上にクトゥブの思想的遺産を位置付けて穏健化することに努めた(小杉・横田二〇〇三：五六－五八)。こうした同胞団の穏健活動に批判的なメンバーは同胞団を離れて、

「イスラーム集団」や「ジハード団」などより過激な活動を行う組織に合流した。

一九八〇年代以降も、同胞団は自らとジハード主義との峻別に努め、その合法的活動や穏健性をエジプト社会で広く示すことに努めた。その理由としては、活動の柱がエジプト国内における社会奉仕活動だったことを指摘できる。エジプト同胞団では、創設と同時に始まった社会奉仕活動は政治活動よりも長い歴史と実績を持っており、組織内で強い発言力を有してきた（横田二〇一九：一八七―一八八）。政治活動も、社会奉仕活動を通じて構築された支持基盤に依拠して行われた。彼らにとっては、エジプト国内で政権との共存下で行われる穏健な社会奉仕活動が最も重要であった。武力闘争を遂行するジハード主義は政権との共存を損なう危険なイデオロギーであり、組織からの排除は必須であった。結果的に、エジプト同胞団は武装闘争ではなく穏健な社会奉仕活動を重視し、そしてグローバルな活動ではなく草の根レベルでエジプト社会に密着したローカルな活動に注力した。歴代指導部で社会活動部門出身者が発言力を持ったこともあり、こうした傾向はおおむね継続した。スィースィー政権による弾圧に対して同胞団が全面的な武力闘争に踏み切らない理由としては、亡命指導部の多くが依然として穏健な活動を重視していることや、さらなる弾圧でわずかに残存する国内の社会奉仕活動が完全に壊滅することを恐れていることが挙げられる。

一九七〇年代以降、同胞団では急進派を排除し、ジハード主義との差別化が図られた。その結果、同胞団ではエジプト社会に根差した社会奉仕活動を優先することが基本方針となった。同胞団が穏健かつローカルな活動を重視する要因の一つとして、こうしたジハード主義との関係性を指摘することができる。無論、このような活動を行う同胞団は、ジハード主義者たちの痛烈な批判対象となった。

アルカーイダを率いるアイマン・ザワーヒリーは同胞団に代表される穏健なイスラーム主義運動をイスラームへの害悪と断罪した(al-Dhawahiry 2016: 19)。また、「イスラーム国」も民主主義を掲げて西洋諸国と協力する「致命的なガン細胞」と同胞団を厳しく非難した(Dabiq 2016: 28)。こうした批判に対して、同胞団は自らの非暴力性を強調し、ジハード主義との差異を意図的に強調している。

三　安全保障化をめぐる外部との関係

「アラブの春」以降、同胞団のグローバルな活動があたかも強固に常在する実体として認識されつつある。これは、外部アクターによる「安全保障化(securitization)」がもたらした変化である。安全保障化の理論によれば、安全保障とは「言語行為(speech act)」によって社会的に構築される間主観的概念である。アクターは(人や組織など)ある対象を脅威であると繰り返すこと(言語行為)によって、安全保障上の懸念として他者にも認識させようとし、脅威から自衛するための非常的措置を正当化する(Buzan et al. 1998)。上述のように、エジプト同胞団のグローバルな活動は、歴代政権との関係、そしてジハード主義との関係によって規定されており、むしろ受動的、消極的なものである。しかし、同胞団の安全保障化を通じて、彼らが自発的・積極的にグローバル化しているという議論が行われつつある。

「アラブの春」以前も、各国の同胞団や同胞団系組織を国家安全保障への脅威とみなす主張は、サウディアラビアなどで散見された(Lacroix 2011)。しかし、同胞団の安全保障化が勢いを増したのは、エジプトで暫定政権およびスィースィー政権による同胞団弾圧が始まってからである。二〇一三年、エジプトでは同胞団の活動禁止と資産凍結を命じる司法判決が下され、最終的に同胞団はテロ組織に指定された。スィースィーが同胞団に対する抑圧政策を採用する最大の理由は、同胞団の政治的排除が自らの正統性の根源になっているためである。スィースィーは民主的な選挙で成立したムルスィー政権をクーデタという非常措置によって打倒したため、「諸悪の根源」である同胞団からエジプトを救済したという大義名分の下で自らの権力保持の正統性を国内外に示す必要がある(横田二〇一八:二三三―二三五)。それゆえ、数々の演説において同胞団の安全保障化を繰り返し試みてきた。

エジプトのスィースィー政権による同胞団の安全保障化は、反同胞団的な立場をとるサウディアラビアやアラブ首長国連邦(UAE)などの国々にとっても都合がよく、二〇一四年に両国政府はエジプトに同調する形で同胞団をテロ組織に指定した。この事実上の「反同胞団同盟」は、各国内で活動する同胞団のみならず、その越境的ネットワークをも仮想敵と想定している。たとえば、二〇一七年のエジプト・サウディアラビア・UAE・バハレーンによる対カタル断交では、カタルと同胞団の密接な関係が断交理由の一つとして挙げられた。また、二〇一九年にはエジプトの要請に応じる形で、米下院では共和党主導で同胞団のテロ組織指定に関する討議が開始された。

こうした安全保障化をめぐる議論においては、同胞団のグローバル・ネットワークの存在が前提となっている。しかし、そうしたネットワークが確固として実在するとは言い難い。かつて国際機構によるグローバル・ネットワークはある程度機能していたが、現在ではほぼ皆無とされる。エジプト政治研究で知られるネイサン・ブラウンは、国際機構は存在するものの重要な役割を果たしておらず、各国同胞団もそれを重視していないとする(Brown 2011: 10-13)。エジプト同胞団第六代最高指導者マアムーン・フダイビーの時代(二〇〇二―二〇〇四年)にエジプト国内での活動に大きく比重が移った結果、国際機構の機能が弱まり、各国同胞団の独立性が再び強まった(Tamām 2004)。筆者が二〇一三年三月にカイロでエジプト同胞団広報担当者ジハード・ハッダードに行ったインタビューでは、もはや国際機構は存在せず、同胞団に警戒心を抱く反対勢力が作り出した虚構だとされた。

実際に、エジプト同胞団の危機に対して、他国の同胞団による組織的な支援はほぼ行われていない。各国同胞団ではなく、公正発展党政権下のトルコ政府の方が亡命同胞団メンバーへの手厚い保護を行っている。たとえば、パレスチナの同胞団系組織であるハマースは、対立するファタハやイスラエルとの仲介役をスィースィー政権に期待して友好関係維持に努めている。また、欧米諸国における同胞団の活動は、国際機構やグローバル・ネットワークに依拠するものではなく、むしろ在地のメンバーが現地に根付いて行っている(Vidino 2010, 清水二〇一九)。同胞団の強固なグローバル・ネットワークの存在を主張する声は、各国同胞団の実態や自立性を無視して十把一絡げにするがゆえのものだろう。

実情に鑑みれば、同胞団に対するグローバルな脅威認識は、同胞団の実力や現状を適切に反映しているとは言い難い。しかし、エジプトのスィースィー政権を中心とする同胞団の安全保障化の試みは国際社会の主要アクター(湾岸諸国やアメリカ)によって受容されていることもあり、その脅威が実在するものとして間主観的に認識されつつある。外部による安全保障化によって、歴代政権との関係性の中で同胞団が強いられたグローバル化が、あたかも彼らが積極的・自発的に望んだこととして、そして永続的に強固に実在する脅威として認識されつつある。

四　強いられたグローバル化がもたらした同胞団の危機

同胞団はローカルとグローバルの双方のレベルを諸関係の変化の中で往復してきた。だが、「アラブの春」以降の強いられたグローバル化が長期化するのに伴い、エジプト国内でのローカルな活動を再開できないという懸念が同胞団内で生じている。エジプト同胞団はジハード主義との差別化のために草の根に根差したローカルな社会奉仕活動を重視してきた。しかし、スィースィー政権による弾圧によって、同胞団は組織の土台となる社会奉仕活動を行えなくなった。こうした状況に限界を感じて脱退するメンバーが後を絶たず、さらにはジハード主義へ活路を見出して過激化する者もいる。二〇一八年の憲法改正でスィースィー大統領の二〇三〇年までの続投が可能となったことは、強いられたグローバル化の長期化を予想させることであり、こうした状況の悪化にさらなる拍車をかけている。

メンバーの教育、育成という点でも、エジプト国内での社会奉仕活動の低迷は深刻な問題を招いている。同胞団の内部事情に詳しいハリール・アナーニーによると、同胞団の諸活動において実施される若手メンバーへの教育、育成こそが同胞団メンバーとしての自己認識、すなわち「同胞団精神」の形成に重要であり、メンバーのリクルート、教育の場としても社会奉仕活動は重要な機会となっていた(al-Anani 2016)。スィースィー政権の抑圧政策によって、エジプト同胞団はメンバーのリクルート、教育、育成が極めて困難な状況に陥っており、それは組織としての弱体化の一因となっている。

現在、同胞団はエジプト国内でのローカルな活動がほぼ不可能となり、グローバル化を強いられている。こうした危機的状況に対して、エジプト国内に残された同胞団メンバーは、彼らが「潮流(tayyār)化」と表現する方法で対応している。筆者が二〇一七年二月にイスタンブルでアムル・ダッラーグ元国際協力相に行ったインタビューによれば、エジプト国内の同胞団メンバーは潮流化を選択することで危機を乗り越えようとしている。つまり、スィースィー政権の弾圧に対処するために、メンバーは表立って組織的な活動をするのではなく、同胞団思想を堅持しつつ個人単位で状況に応じた活動を行う。身を守るために同胞団メンバーであることを秘匿することもありうるという。エジプト国内では、この潮流化が同胞団の基本的な生存戦略となっている。組織単位での活動は見られないものの、同胞団メンバーは現在も国内に存在しており、来るべき時機を待ち続けているのである。そこでは、著名な幹部メンバーではなく、若手・中堅のメンバーがその中心的役割を担っているとされる。

一方、この潮流化は同胞団にとってマイナスの側面もある。それは、組織としての一体性の弱まりである。現在、指導部メンバーの多くが獄中か地下潜伏、あるいは亡命といった状況にあり、組織の指揮系統が寸断されているため組織単位の活動が困難である。潮流化とは各メンバーが自己判断で個人単位の活動を進めることが前提である。このことは、同胞団の組織としての一体性の綻びの一因にもなっている。実際に、社会奉仕活動を重視する指導部ら多数派からなる穏健派と、政権との暴力的対決を厭わない一部青年メンバーを中心とする急進派に、同胞団は分裂しつつある(Fahmi 2015)。潮流化が進む同胞団では、今後も各メンバーの自立性がいっそう強まると考えられ、こうした亀裂の深刻化や分裂の可能性も否定できない。二〇一九年には、エジプト国内の若手メンバーによって、イスタンブルやロンドンなどを拠点とする亡命指導部への辞任要求がSNS上で行われたこともある。グローバルに展開する亡命指導部が危機打開へ有効策を見出せないことに対して、エジプト国内のローカルなメンバーが異議申し立てをしたという構図である。

これまでのエジプト同胞団のグローバルな展開は、あくまでもローカルとグローバルを往復する中での一形態であったのに対して、現在の強要されたグローバル化の固定化は組織の溶解という新たな危機をもたらしている。様々な関係性の変化によって柔軟にローカルとグローバルを往復してきたエジプト同胞団は、強いられたグローバル化が長期化・固定化されてゆく中で、組織の在り方を問われる未曽有の危機に直面しているのである。

おわりに

本章では、エジプト同胞団のグローバルな活動について、歴代政権との関係、ジハード主義との関係、安全保障化をめぐる外部との関係から分析した。同胞団はこの三つの関係性の変化に応じて、ローカルとグローバルの双方のレベルを往復してきた歴史を持つのである。また、そのグローバル化とは積極的・自発的に彼らが求めてきたものではなく、むしろ選択せざるを得なかった受動的、消極的なもの、すなわち強いられたグローバル化であることを示した。エジプト同胞団は国内でのローカルかつ穏健な活動を優先してきたのであり、グローバルな活動はあくまでもエジプトでの活動が盤石な際に行われる補完的なもの、あるいはエジプトでの活動が不可能な際に組織存続のために緊急避難的に行う性格のものであったといえる。

「アラブの春」での政治的挫折を契機とする最近のエジプト同胞団のグローバル化もこの文脈で考える必要がある。その一方で、外部アクターによる安全保障化によって、同胞団のグローバル・ネットワークを永続的に実在する脅威とする認識も強まりつつある。また、強いられたグローバル化によってエジプトでのローカルな活動が困難となった結果、同国内の同胞団メンバーの間では生存戦略としての潮流化が進んでいるが、同時に組織としての一体性の弱まりという新たな問題も発生している。変わりゆく関係性がもたらした危機の中で、同胞団は新たな組織の在り方を模索している。

注

(1) 一九四一年にインドのラホールでマウドゥーディーによって設立されたジャマーアテ・イスラーミー、一九二六年にデリー近郊で設立されたタブリーグ(タブリーギー・ジャマーアト)、サウディアラビア政府の支援を受けて活動するイスラーム世界連盟(通称ラービタ、一九六二年設立)などが例として挙げられる。

(2) エジプトにおける専門職組合は、医師、弁護士、エンジニア(技師)など各種専門職従事者によって組織される団体で、組合員の選挙によって理事長などの執行部が選出される。また、組合員の利益を国政に反映させる圧力団体としての性格も持つ。

参考文献

飯塚正人(一九九三)「現代エジプトにおける二つの「イスラーム国家」論」、伊能武次編『中東諸国における政治経済変動の諸相』アジア経済研究所
ケペル、ジル(二〇〇六)『ジハード――イスラム主義の発展と衰退』丸岡高弘訳、産業図書
小杉泰・横田貴之(二〇〇三)「行動の思想、思想の実践――バンナーとクトゥブ」、小松久男・小杉泰編『現代イスラ

ーム思想と政治運動』東京大学出版会
小杉泰（二〇〇六）『現代イスラーム世界論』名古屋大学出版会
清水謙（二〇一九）「ヨーロッパにおけるイスラーム主義の興隆――ムスリム同胞団の浸透とスウェーデンの政党政治の変動」、髙岡豊・溝渕正季編『「アラブの春」以降のイスラーム主義運動』ミネルヴァ書房
髙岡豊（二〇一九）「イスラーム過激派の系譜――アフガニスタンから「イスラーム国」まで」、髙岡豊・溝渕正季編『「アラブの春」以降のイスラーム主義運動』ミネルヴァ書房
バンナー、ハサン（二〇一五）『ムスリム同胞団の思想（上）――ハサン・バンナー論考集』北澤義之・髙岡豊・横田貴之編訳、岩波書店
保坂修司（二〇一七）『ジハード主義――アルカイダからイスラーム国へ』岩波書店
松永泰行（二〇一八）「重層的文脈重視型「グローバル関係学」の視座――その確立のための予備的議論」新学術領域「グローバル関係学」オンライン・ペーパー・シリーズ
横田貴之（二〇〇六）『現代エジプトにおけるイスラームと大衆運動』ナカニシヤ出版
横田貴之（二〇〇九）『原理主義の潮流――ムスリム同胞団』山川出版社
横田貴之（二〇一八）「スィースィー政権下のエジプトにおける選挙と権威主義体制」『国際問題』第六七六号
横田貴之（二〇一九）「エジプトのイスラーム主義は失敗したのか――ムスリム同胞団の栄枯盛衰」、髙岡豊・溝渕正季編『「アラブの春」以降のイスラーム主義運動』ミネルヴァ書房

al-Anani, Khalil (2016) *Inside the Muslim Brotherhood: Religion, Identity, and Politics*, Oxford University Press.
Brown, Nathan (2011) *The Muslim Brotherhood*, Carnegie Endowment for International Peace. 〈https://carnegieendowment.org/files/0413_testimony_brown.pdf〉
Buzan, Barry, Ole Wæver, and Jaap de Wilde (1998) *Security: A New Framework for Analysis*, Lynne Rienner

Publishers.

Dabiq (2016) "The Murtadd Brotherhood," *Dabiq* 14.

al-Dhawahiry, Ayman (2016) "Let Us Unite for Palestine," *Inspire* 15.

Fahmi, Georges (2015) *The Struggle for the Leadership of Egypt's Muslim Brotherhood*, Carnegie Endowments for International Peace. 〈http://carnegie-mec.org/2015/07/14/struggle-for-leadership-of-egypt-s-muslim-brotherhood-pub-60678〉

Milton-Edwards, Beverley (2016) *The Muslim Brotherhood: the Arab Spring and its Future Face*, Routledge.

Mitchell, Richard P. (1969) *The Society of the Muslim Brothers*, Oxford University Press.

Lacriox, Stèphane, George Holoch tr. (2011) *Awakening Islam: The Politics of Religious Dissent in Contemporary Saudi Arabia*, Harvard university Press.

Perry, Damon (2019) *The Global Muslim Brotherhood in Britain: Non-Violent Islamist Extremism and the Battle of Ideas*, Routledge.

Rubin, Barry ed. (2010) *The Muslim Brotherhood: The Organization and Policies of a Global Islamist Movement*, Palgrave Macmillan.

Tamām, Ḥuṣām (2004) "al-Niẓām al-Dawlī li al-Ikhwān: al-Wa'd wa al-Masīra wa al-Maāl," *Ḥiwār Mutamaddin* 962 〈http://www.ahewar.org/debat/show.art.asp?aid=23729&r=0〉

Vidino, Lorenzo (2010) *The New Muslim Brotherhood in the West*, Columbia University Press.

II

歴史のなかのトランスナショナル・ネットワーク

第3章

地中海におけるヨーロッパ内植民地

――ドデカネス諸島をめぐる新たな帝国主義と抵抗運動のグローカル・ネットワーク――

石田　憲

はじめに

植民地は、これまで欧米の「文明人」がアジア、アフリカの「野蛮人」を支配するという人種主義的枠組みで語られることが多かった。しかし、統治対象が同じヨーロッパ人でキリスト教徒の場合、議論の位相にも微妙な差異が生じてくる。とりわけ第一次世界大戦末期から民族自決が叫ばれ、国際連盟が成立する情勢においては、ヨーロッパ内植民地の位置づけを独自に考えざるを得なくなった。本章では、そうした時代の新たな帝国主義のあり方を、難民、移民といったトランスナショナルなネットワークにも注目しつつ、グローバルとローカルな要素が連動したグローカルな抵抗運動とあわせて、多面的に考察したい。本シリーズの文脈に即して言えば、従来の植民地当局のみを「主体」として論じる帝国主義論に対して、本章は内外のネットワークが織りなす「関係性」に注目し、地中海からグローカルな地平を照射しようと試みるものである。

そもそもここで取りあげるドデカネス諸島は、イタリアの歴史書においてもほとんど言及がなく、イタリアが所有したアフリカの植民地以上に研究が進んでいない。伝統的な外交史研究の視点からイタリアの第一次世界大戦参戦をめぐる植民地獲得交渉として論じられたり(Bosworth 1970)、「開明的な近代化」を図った植民地統治の事例として修正主義的に解釈されたり(Pignataro 2011)、ギリシア側から愛国主義的抵抗運動史と語られてきたことへの批判として描かれる(Doumanis 1997)など、分析の視角にも大きな違いが見られる。本章は、第一次世界大戦後に生じた国際環境の変化に着目しつつ、従来と異なる帝国主義の一例として、地中海の島から見たグローカルな植民地の諸相を検証していく。

イタリアのドデカネス諸島占領に関する歴史的経緯を簡単にまとめておくと、一九一一年に勃発したリビア戦争がきっかけでイタリアは、オスマン帝国本国に軍事的圧力をかけるべく、アナトリア半島侵攻より簡単な作戦として、一九一二年四月に占領を実行した。当初、島民には「完全な自治」が約束される一方で、対土交渉においてはリビアからのオスマン兵撤退と交換に島々を返還するという条件も出された。ドデカネス指導層はギリシアとの統一を訴え、一九一九年四月に住民投票を実施するが、イタリア兵の発砲事件にまで発展し、一九一九年七月のティットーニ－ヴェニゼロス(Tittoni-Venizelos)協定で大半のドデカネス諸島のギリシアへの譲渡が約束され、ロドス(Rodi, Rhodos)島の帰属については五年後に住民投票が実施されることになった(1)。ところが、一九二〇年八月のセーヴル条約では、ウィルソン米大統領の民族自決原則がなお影響を与えたものの、住民投票の実施期限が一五年に延長された。さらにトルコと連合国側の力関係が逆転してセーヴル条約が改定されると、イタリア側は状況変更を理由に全島の占領を継続していった(Doumanis 1997: 31, 39-40)。

以上のような概要から顧みれば、大国によるオスマン帝国崩壊後の植民地再分割という面が際立つが、国際連盟の始動過程で、第一次世界大戦前からのイタリア指導層がファシスト政権と異なる対応を示していた点も注目される。そして、ファシズムの台頭は、内外における暴力を再活性化させる転機となったのである。新旧の差異は、自由主義期の帝国主義とファシストの帝国主義の相克として捉えるだけでは不十分で、第一次世界大戦前後の世界が、新たなヨーロッパ内植民地の形成と民族自決原則の矛盾に直面していたと考えるべきだろう。また、抵抗する側も単なるナショナリズムや宗教的ファナティズムといった動機づけだけではない、より社会経済構造的要因を抱えながら、グローカルなネットワークに支えられた運動を模索したと想像できる。次節以降、ともすれば第二次世界大戦の単なる助走期間として理解されがちな時代を、以上のような問題意識で分析していきたい。

一　第一次世界大戦後の変化——自由主義からファシズムへ

自由主義期イタリアを代表する外交官・政治家であるカルロ・スフォルツァは、第一次世界大戦後に国際連盟という新しい枠組みを意識しながら、イタリアが占領していたドデカネス諸島について、詳細な秘密報告書を一九一九年八月二七日に提出している。すでに彼は、ドデカネスの帰属を決する将来の住民投票においては、連盟へ投票の実施を委託することに同意していた。スフォルツァは、イタリアからの植民とムスリム系移民による変化を想定しつつ、「良きリベラルな行政により、ギリシア系住民とも和解し、連盟の仲介を通じても我々が望むような住民投票結果となるよう期待する」と述べている。こうした方向に向けて、住民の新たな包摂を進めるため、政治に「慎重さと熱心さ」を求め、「リベラルで寛容な、慈父の如き新体制」が不可欠と提言した。それは、親希感情を不必要に弾圧せず、福祉を向上させ、現地の習慣、伝統に配慮し、人民の声を聞き届ける行政と説明している。他方、アルバニア以上にドデカネスに対し公共事業、学校、衛生へ資本を投下し、経済の促進に努めたものの、政治の分野で立ち遅れ、不満やアジテーションを誘発させているとして、自治を早急に整える必要があると主張した(2)。

この報告書を額面通り受け取る限り、スフォルツァは帝国主義の通例と異なる、リベラルな立場をとった人物のように見えるが、一九四三年七月にムッソリーニが逮捕されて新しい内閣への入閣を要請された際には、入閣受諾の条件としてファシズム期に征服されたエチオピアをふくむ植民地の保持を主張している(3)。その理由として考えられるのは、第一次世界大戦後、ウィルソンの一四カ条、国際連盟の成立から、少なくともヨーロッパにおいては、民族自決を表向き尊重しなければならないという建前が横溢していた点である。スフォルツァは、アフリカの植民地について何ら自治権を認める感覚がなかったとしても、ヨーロッパ内の植民地に該当するドデカネス諸島の場合は、慎重な対応を示さざるを得なかったと想像できる。とりわけギリシア系住民をオスマン帝国のくびきから「解放」したという自負により、一層複雑な対応を迫られていた。

スフォルツァに限らず、一九二〇年から一年ほど総督を務めたフェリーチェ・マイッサも、第一次世界大戦中の苦しい状況においてさえ、住民の生活改善に留意していたと誇るだけでなく、自治をある程度認めつつ、強制と独占から人々を自由にしたと報告している。また、ファシズム期においてさえ、トルコとの関係を改善して、むしろ密輸や警察行動に関する協定の準備があると示すべきと指摘している。すなわち、単に「トルコの野蛮」を批判するだけでなく、ギリシア支配を恐れるムスリム系、ユダヤ系住民にも配慮しつつ、重要な市場であるアナトリア半島との交易を再開する必要が、現実的判断として強調されていたのである。とりわけマイッサも言及したカステロリゾ(Castelrosso, Kastellorizo)島は、ロドス島から一五〇キロ以上も離れている反面、アナトリア半島からは三キロの距離に位置している。[4] 地理的にはドデカネス諸島と見なしにくくても、カステロリゾ島は、一八九〇年の段階ではギリシア人の人口密度がもっとも高い島(七八二人/平方キロメートル)の一つであり、アナトリア沿岸地域の通商、航行を独占的に担っていたため、富裕な地域でもあった。しかし、第一次世界大戦中には対岸のアナトリア側から砲撃を受け、住民が一万二〇〇〇人から三〇〇〇人にまで激減していく。戦争の惨禍をくぐり抜けた人々も、イタリア統治期にエジプトやオーストラリアへ移民し、トルコ共和国との緊張関係を続けつつ、四—五〇〇〇人はトルコ沿岸に居住することになる。[5]

第一次世界大戦直後の東地中海「ヨーロッパ地域」を見ていくと、新しい国際連盟の理念が前面に出される一方で、戦争に伴う著しい人口移動が、同地域全体を覆っていた。イタリアとの関連が深いイズミル(Smirne, Izmir)では、一九二二年六月の段階で五〇万人近い難民を抱え、一九二四年二月に入るとギリシアは六〇〇万人の人口に一三〇万人の難民を迎えることになる。[6] 他方、イタリア側が一九二二年一〇月の時点で、イズミルから受け入れた難民の数は一七八四名で、ほとんどがドデカネス出身者であった。しかも、イズミルに戻った人数などを差し引くとロドスに到着して居住することになる難民は五三八名に留まっていた。こうした受け入れに際して、ファシスト党はイニシアティヴを発揮して「感動的なデモンストレーション」を演出し、政治活動として難民を利用したことが報告されている（7）。これが一時的なものであったことは、一九二二年一〇月以降のファシスト政権が難民や移民にとった対応を見れば一目瞭然であった。

一九二二年一一月、ファシスト党の政権奪取と同時期に赴任した総督マリオ・ラーゴは、ドデカネス諸島へのイタリア人入植者を増やすという意図から、外国人が増加することを望まなかった。彼は、ギリシアが受け入れないアルメニア人などの難民を非生産的と一蹴し、逆にドデカネスからアメリカ合衆国への移民は、イタリアからの植民に有利となるため好意的であった。しかし、帰還については厳しいコントロールを課し、政治的悪影響を避けることが優先され、経済的に有用であるかの判断も重要となった。スフォルツァが提言として述べたような移民の受け入れによる親伊的住民の拡大やリベラルな対応は、ファシズム期には過去のものとなっていく。実際、ドデカネス・ギリシア統合運動が強いエジプトのアレクサンドリアからの帰島者には滞在制限がかけられ、ソ連で困窮して移住を望むドデカネス出身者も排除された。これはラーゴ個人の判断ばかりではなく、ムッソリーニも非イタリア系住民が減ることを望んでいた(Pignataro 2011: 121-126)。

たしかに難民、移民に対して冷淡なのは従来の帝国主義者、保守政治家共通の傾向で、ラーゴもむしろ伝統的外交官に属していた。それでは、ファシスト政権の違いはどこにあったのか。ムッソリーニは一九二三年一二月二一日に、ロンドン大使へ長文の訓令を出し、繰り返し第一次世界大戦でイタリアが払った犠牲に見合う権益を連合国が保障すべきであると主張している。この点は大国間の折衝による帝国主義的バーゲニングの一環で、それほど目新しくもないが、同時に「ドデカネスに対する絶対的権利」を語り、「連合国の中で不満を募らせているイタリアに犠牲を強いることはできないし、世論も納得しない」と強弁し続ける点で際立っている。(8) ただしこの段階では、一九三〇年代のように反英的色彩を前面に出さず、イギリスとはあくまで話し合う姿勢を守っていた。それでも、スフォルツァとは別の意味で、「民意」を強調して相手に圧力を加える手法は、第一次世界大戦前の大国間外交とは様相を異にしている。

事実、第一次世界大戦後の国際関係においては、国際連盟と同じく、世論と民意は新たな規定要因と考えられた。この現象は当然、交渉相手のイギリス側でも生じており、イタリア駐英大使は、労働党政権の誕生でイギリスのドデカネスをめぐる対伊態度が変化すると予想している。イタリア側は当初、イギリスがキプロスをギリシアへ返還した後にドデカネス諸島の帰属を問う住民投票の実施に合意していたが、イギリスが簡単にキプロスの譲渡に踏み出すとは考えていなかった。しかし、イギリス労働党はキプロス返還を即時実施するという噂が伝わり、イタリア側も急な対応に追われている。実際には、戦間期における二度の労働党政権はいずれもキプロスをギリシアに返還せず、むしろイギリスのキプロス統治を困難にする原因ともなったが、東地中海をめぐる政治状況はこうした新しい国際的民主化の流れと現地の動向に大きく左右されるようになっていた。(9)

ファシスト体制と前政権のもう一つの微妙な違いとしては、植民地における暴力の問題があげられよう。例えば、イタリア自由主義期最後の国勢調査は一九二二年に実施され、ドデカネス諸島では、これが徴兵や課税のためと疑われ、各地で反対運動を引き起こした。カルパトス(Scarpanto, Karpathos)島へは兵士五〇名が派遣され、住民に発砲されるという事件まで発生し、部隊は空砲で威嚇するが死者も出て、軍は撤退した。また当局は、国勢調査の実施妨害を理由に市長や管区主教を幽閉したが、現地の二月八日付報告は兵士が抑制的に行動し、直接衝突を避けた点に言及している。七月一七日付報告書は、大主教が国勢調査を中傷する誤った情報をイスタンブルからアメリカに至るまで流していたと批判し、反対運動のトランスナショナルな性格を指摘している。それでも、同報告書によれば、幽閉された人々も外出の自由は保障され、国勢調査後には帰還が許されたと記している。[10]

これに対し、ファシズムが権力奪取をした一〇月以降は、軍事的な行動が目立つようになっていく。七月一七日付報告書は、国勢調査に反対していたのがカルパトス、シミ（Simi, Simi）、ハルキ（Calchi, Halki）の三島だけであると記していたにも拘わらず、一一月二七日付報告ではカリムノス（Calimno, Kalymnos）が国勢調査に反対した唯一の島と批判を集中させている。しかも、四機関銃部隊八〇名をカリムノスへ派遣すると同時に、軍艦を各島の偵察に向かわせている。海外で反響が起きるような事件を起こさせないという目的が述べられているが、ロドス島には三〇〇名の機動機関銃部隊を駐屯させ、一二時間以内に乗船して他島へ向かえる体制にしたのである。他方で同報告は、各島が平穏でイタリア王国へ忠誠を誓っているという記述があり、仮にそうであっても軍事的威圧を続けていると解釈せざるを得ない状況が続いていた。[11] 一九三六年の国勢調査でも同様な反対運動が勃興したが、その際にはラーゴ総督は市長を解任し、その兄弟にあたる教師とその同僚まで処分している（Pignataro 2011：128）。

外交官出身のラーゴからファシスト四天王のデ・ヴェッキへと総督が一九三六年に変わると、島内外の暴力性はさらに高まっていくが、それは国際連盟に代表される表面上リベラルな国際秩序を否定する動きと呼応関係にあった。そして、もはや世論や民意といった建前すら失われ、民衆は単なるファシズム体制の宣伝操作対象でしかなくなっていった。たしかにラーゴ総督時代は、ヨーロッパ内植民地のモデル・ケースを自負し、ロドスの開発も促進したが、他の島々への恩恵は少なく、窮乏状態が続いていくことになる。以下、こうした社会経済構造上の矛盾が住民の抵抗運動を招き、島という一見閉ざされた空間が、逆に世界へ開かれていった側面に注目していく。

二　ローカルな抵抗発生のメカニズム——貧困、移民、女性

イタリアのヨーロッパ内植民地として収奪が進む前のドデカネス諸島は、主要産業の海綿漁と東地中海交易で繁栄を謳歌していた。しかし、潜水服の開発もあって海綿の価格が下落し、徐々に貧しい移民送り出し地となりつつあった(Doumanis 1997: 19, 38)。ここでは前節でも言及し、政治・経済・社会的独自性を有しつつ反伊運動が発生したカステロリゾ島とカリムノス島を中心に論じながら、ローカルな抵抗の形成メカニズムを検討する。

イタリアが占領する東地中海の島々では、一九一一年のリビア戦争から第一次世界大戦にかけてアナトリアとの交易が困難になる一方、海綿の出張漁を行なっていたリビアへの出稼ぎも事実上不可能となり、アナトリア半島の西南に近接するカステロリゾ島も人口の半数が移民を強いられていった。カステロリゾ島は、フランスが一九一五年から一九二一年まで占領し、その後イタリアへ譲渡され、ドデカネス諸島とともに、エーゲ海植民地としてイタリアの支配下に入っていった。一九二二年の段

階で、住民は二四七二人ながら、すでに五―六〇〇〇人の海外移民を送り出し、一四〇七戸のうち半数が非居住状態となっていた。第一次世界大戦前のカステロリゾ島は、ロドス島以上に重要な商船団を擁し、三八隻の帆船、総トン数三〇〇〇トンを誇り、アナトリア半島のイズミルを始め、エジプトなどとも交易していたが、動力船の浸透や当局による通商規制から衰退を続けていく。それでも、移民からの送金は年二〇〇万リラと、島の歳入四〇万リラの五倍に達している。そしてカステロリゾ島は、かつて独自の自治を通じて、繁栄期には他のヨーロッパにも見られない無償の医療、薬剤、書籍、衣服の提供を実現していた。しかし、一九三四年には市長が対伊協力で私腹を肥やしたことへの不満が爆発し、移民による男性住民の減少もあり、女性の抵抗運動が顕在化した(12)。

カリムノス島は一九一二年にイタリアが占領し、一九一四年の統計によれば、住民一万四〇〇〇人のうち一万一〇〇〇人がカリムノス・シティーに集中していた。その後、五〇〇〇人が移民し、五〇〇〇戸の住宅のうち四分の一は不在状態となる。七〇万リラの歳入に対し海綿漁の収入が年一五〇万リラを記録している。それ以外にも、三〇〇万個の蜜柑が生産され、二三万五〇〇〇キロのタバコの葉を輸入して、島内の三〇社が六〇〇〇万箱のタバコを生産していた。だが、一九二五年にはこれら主要産品であった海綿、蜜柑、タバコの輸出が当局により禁じられ、前述の兵士派遣に至るような緊張状態を生み出した。カリムノス島は他の島に比べ不毛の地とされていたが、それだけに海綿交易を積極的に推進していたのである。ところが、一九二九年には海綿漁さえ禁じられ、リビアでの操業に追い込まれるが、これも制限が厳しく行き詰まっていった。カステロリゾ島と同様にカリムノス島でも、女性が抵抗の中心になって戦うという事態が一九三五年に発生することになる。これは、イタリア人が女性を撃たないと信じられていたという説だけでなく、恐らくカステロリゾ島の抵抗に関する情報が伝わっていたからであろう。しかし、男性が投石すると射殺され、女性たちも撤退している(13)。

以上の二島が直面した状況を見る限り、経済的疲弊、移民の増大、女性による抵抗運動の発生という極めて類似した諸相が存在する。こうしたメカニズムの背景には、国境を越えざるを得なかった人々のグローバルな射程も加味されていたと考えられる。これらの連関を改めて同地域における抵抗の直接的契機に注目しながら分析してみよう。

カステロリゾ島は、オスマン帝国期には税、課役を免除されていたにも拘わらず、敢えて自治を宣言してイタリアの「解放」に期待したが、結局フランスの最前線基地としてトルコ側からの攻撃にさらされ、壊滅的被害を招いた。イタリアの占領下に入っても資本は投下されず、一九三三年一一月には石油、小麦、コーヒー、砂糖をふくむ広範な品目への関税が二倍となり、翌一月には更なる増税が課せられたため、女性たちは抵抗運動を開始した。当初のデモは市長に対して批判が向けられ、ロドスから憲兵隊二〇名が到着すると、住民はむしろ歓迎のため集まったが、暴動と間違えた兵士が威嚇射撃をして、女性を銃床で殴るという事件に発展する。結局、二〇名が負傷、暴動の首謀者と見なされた者が逮捕され、事態は悪化の一途を辿った。三月のギリシア独立記念日には女性が中心となって暴力的衝突のクライマックスを迎えることになる。ファシスト政府は事件の詳細を隠蔽し、ラーゴ総督を「酷薄さの欠如」故に指弾する一方、一九三六年のデ・ヴェッキ新総督着任で徹底したイタリア化を図っていった(Doumanis and Pappas 1997: 108-112)。

海綿漁の中心地であり、ロドス島に次ぐ人口を擁したカリムノス島も、経済問題は深刻であった。

一方で海綿ダイバーになることは高収入につながったが、息子をダイバーにするのは娘を娼婦にするのと同じであると語られるほど、過酷な仕事であった。他方、カリムノス島は他の島に比べ軍事的重要性が低いと判断され、インフラも整備されなかったが、島民はそれを自分たちの対伊抵抗の故と考えていた(Sutton 1994: 245, 247)。実際カリムノスは、一九二六年にラーゴ総督がイタリア化推進政策として、学校カリキュラムの管理強化を試みた際、もっとも抵抗した島でもあった。そして、オスマン帝国さえ行なわなかったギリシア正教会への干渉に対する反発から、一九三五年四月には「石の戦争」と称される女性たちの抵抗運動が発生している。修道女から始まった行進に女性と子供たちが参加したが、教会の鐘が鳴らされて人が集まったため、暴動にまで発展、増援部隊の兵士たちへ女たちが巨大な石まで投げつけたのである。結局、大量の逮捕者を出したものの、女性は捕まらず、裁判の後は年末までに恩赦が実施された(Doumanis 1997: 67-72, 77)。

ラーゴ総督の「手ぬるさ」をめぐって批判される要因がここでも散見される反面、イタリア化が暴力の行使と組み合わされ、住民の精神生活にまで及んでいったことがうかがわれる。人々の日常生活へ直結する干渉は、諸刃の剣で、女性の抵抗運動を招くことになった。抵抗する側も、ヨーロッパ植民地のモデル・ケースとしてドデカネスを喧伝するラーゴ総督が女性に対する攻撃を控える傾向にある、と計算していたと思われる。また、エーゲ海植民地の所管官庁となっていた外務省は、ムッソリーニ政権前には詳細な現地報告を保存していたが、ファシスト化の進行に伴い不都合な情報を隠匿する傾向を強めていく。

三　島から世界へ——抵抗をめぐるグローバル・ネットワークの形成

抵抗運動それ自体は、ローカルなものであったが、その意味づけは国際的広がりを伴っていた。アテネのドデカネス青年同盟は隔月誌の中で、カステロリゾ島民の行動を、専制に対して立ち上がった一八二一年の革命的英雄たちと重ね合わせて記述している。カリムノス島に関しても、一九一七年からアテネでは新聞キャンペーンが展開されていた。さらに、一九三七年にはスイスの新聞は、「石の戦争」後のカリムノスについて、デ・ヴェッキ総督が当局に従わない教会を閉鎖したため、流行病で子供が死んでも自分たちで埋葬して一四人の女性が投獄されたことを報じている。これは、デ・ヴェッキ総督就任とともに弾圧が過酷さを増した状況の反映であり、同時に貧しさから世界中へ移民したドデカネス出身者が様々な働きかけをしている現われでもあった。(14)

事実、一九三〇年代には一三万人程度の人口しかないドデカネス諸島が、一万五〇〇〇人のアメリカ合衆国在住者をすでに送り出していた。一九二〇年代から在米ドデカネス委員会は、民族的権利意識に目覚めた人々をムッソリーニが国外へ追放していると抗議活動を展開する。(15)第二次世界大戦に入ると、アメリカ、エジプト、オーストラリア、南アフリカ、コンゴから在外ドデカネス人が組織されるようになり、エルサレム、カイロから英語放送、ギリシアからもサボタージュ呼びかけの放送が流され、資金はアメリカ合衆国在住ドデカネス人が支出した。加えてエジプト、クレタ島には将来の委任統治へ向けた活動センターさえ開設されていく。(16)アメリカとの関係以上に、東地中海の近代的ネットワークは一九世紀から形成されており、ギリシア系住民の移動のみならず、ドデカネス出身のユダヤ系商人はイスタンブル、アレクサンドリア、アテネの支店を開設し、ムスリムの高等教育はイスタンブル、カイロでなされていた。海綿漁はチュニジア、リビアにまで出向き、その輸出先はロシアをふくむ全ヨーロッパに及んでいた(Rappas 2015: 475)。このため、一九二〇年代のドデカネスとギリシアとの統一に向けた支援運動は、ギリシアやアメリカ合衆国だけでなくアレクサンドリア、ポートサイドなどが起点となったのである(Doumanis and Pappas 1997: 103)。

第一次世界大戦終了後のパリ講和会議に際しては、アレクサンドリア在住の富裕層が中心となり、ドデカネス諸島の代表として米英仏伊希五国に対する陳情団を結成した。アレクサンドリアを拠点とするドデカネス出身者の中でも、ジョン・カズッリは綿商人として財をなし、米英両国とアレクサンドリアで活動し、八〇万ポンドを費やして、ティットーニ―ヴェニゼロス協定締結の側面支援を行なった。一九二〇年代中盤には、ファシスト政権との交渉を試みつつ、一五万ポンドをドデカネス連合中央委員会に寄付し、一八九七年のクレタ反乱のような騒擾を引き起こして、大国の介入を誘引する工作さえしたと言われている。この参画者と目されたのは、ドデカネスのギリシア統合へ邁進し、ギリシア本国で議員の地位も占めたスケヴォス・ゼルヴォスであった[17]。

ゼルヴォスはカリムノス島出身で、元海綿ダイバーでもあったが、独仏両国で医学を学び、第一次世界大戦期にはイギリス人海員救出の功から、イギリスの勲章を受けており、対英関係も良好であった[18]。他方、イタリア側からは警戒され続け、彼がパリ講和会議で知り合ったイタリア政治家へ手紙を出したと主張しても、ペテン師扱いをされるだけでなく、金と暴力に訴えてギリシアとの統一を図る陰謀家と見なされていた[19]。ゼルヴォスもファシスト政権が簡単にギリシアとの統一を認めないことは予想しており、広範な自治を伴うドデカネス国家を国際連盟の保護下におく構想さえイタリア側に示した[20]。また、カリムノス島における一九二五年の抵抗運動弾圧事件に際しても、彼は連盟に訴え、中立国委員会による調査を依頼したのである[21]。これはゼルヴォスだけの発想ではなく、キプロスとドデカネスを中立化して、国際連盟の委任統治領として親英のギリシア人総督を迎えるという案が、ギリシアの将軍からイギリス側へ打診されている[22]。カズッリも同様に、エチオピアとイタリアの間で紛争が勃発している時期になっても、むしろそれを奇貨として、連盟下でのドデカネスの自治計画を語っていた[23]。

たしかにゼルヴォスの論調は誇張や煽動の色も濃かったが、例えば一九二一年に彼がロイド・ジョージ英首相へ宛てた手紙の内容は、大筋においてイタリア統治の方向性を言い当てていた。手紙は、アメリカへの移民が奨励される一方で、帰国する者に対する上陸制限がなされていると指摘し、ギリシア系住民の交易は妨げられながら、ユダヤ人や非ナショナリスト系トルコ人は保護される実態を述べている。例えば、イタリア当局のトマト輸出に対する課税への対抗策として、ソース加工産業の立ち上げが試みられても、イタリア側の塩の提供停止で断念を強いられ、結局、生のトマトをユダヤ系商人やアナトリア側に買い叩かれたと手紙は訴えた[24]。実際、イタリアの「近代化」政策は、当局による経済の独占を意味し、従来の地場産業を圧迫し、前述した如く本国にとって不都合な輸出を制限している。加えて、オスマン帝国が農民の耕作権を認めていたのと対照的に、土地はイタリア人植民者へ優先的に分配され、地元農民は耕作権を失い、貸付もわずかで、ギリシア系農民の選択肢は移民くらいしか残されていなかった(Franghiadis 2009: 58-59)。

他方でイタリア側が主張するように、政治・経済・戦略上の重要地点と考えられたロドス、コス(Coo, Kos)、レロス(Lero, Leros)には投資がなされ、とりわけロドス島は欧米諸国へのショーウィンドウ的役割を果たした。ラーゴ総督は、東方の小さな新開地だったロドス・シティーを整備された街区に変貌させ、街路樹、公園、巨大ホテルが立ち並ぶリゾート地帯を作り出した(Villa 2016: 22-24)。彼はゼルヴォスの国境を越えた「反伊宣伝」に対抗して、ロドス島へ著名人を招き、訪問者の歓待を続ける。その中にはチャーチルなどの政治家だけでなく、米モルガン銀行頭取、作家サマセット・モームもふくまれていた(Pignataro 2011: 192-193)。しかし、カステロリゾ、カリムノス、シミなど、第一次世界大戦前には高い人口密度と繁栄を享受していたその他の島々は、経済危機への対処もなく、第二次世界大戦末には住民数を三分の一にまで減らしていく(Franghiadis 2009: 54-55)。また、ロドス、コス、レロスにおける建築ブームは一時的で、キプロスや近東との貿易が再開されても最盛期には及ばず、経済は改善しなかった(Doumanis and Pappas 1997: 109)。

ドデカネスの抵抗運動は、これまでナショナリズムとギリシア正教会の要因が強調されてきたが、それらが勃興する前提には社会経済構造の要因が明確に存在した。ヨーロッパ内植民地であったからこそ、民族自決の問題が早くから注目され、オスマン帝国のくびきからの「解放」と自治がちらつかされていただけに、不満と憤りは強くなった。そして、貧困と移民から世界中に散ったドデカネス出身者による活動は、民族意識の覚醒を活発にしたのである。抵抗者たちも国際連盟の枠組みを利用し、委任統治領さえ逆手にとった主張につながっていく。ただし、グローバルに展開された論調は、ローカルな構造的矛盾に起因していたが、海外移住者の視点から現地とギリシアの理想像を投影したものでもあった。これが同じ島々に住むムスリムやユダヤ系少数者をどれだけ配慮したものであったのかは、なお精査が必要であるが、少なくともマルタのような党派的対立やキプロスのような民族紛争にまで拡大しなかったことは事実であろう。

四　理想的ヨーロッパ内植民地の黄昏

スフォルツァからラーゴ総督に至るまで、イタリア側はある程度ファシズム期に入っても、ドデカネス統治をヨーロッパ内植民地のモデル・ケースとして提示することにこだわっていた。しかし、その実態は以前から住んでいた人々を移民に追い込みながら、イタリア人入植者も集められない状況を抱えていた。本国から来た労働者が共産主義者で送り返したという報告や、イズミル、イスタンブルから東方系イタリア人が入ってくることを忌避する動きが伝えられるなか(Pignataro 2011: 119–121)、一九二六年の段階でイタリア人入植者はロドス、レロス他二島に限られ、四〇〇〇名程度に留まっていた。(25)

実際にドデカネス諸島へ来たイタリア人たちの日常も悲惨であった。まだイタリアが第二次世界大戦に参戦していない一九三九年一〇月のイギリス外務省報告は、海綿ダイバーの話として以下の窮状を伝えている。

イタリアの軍艦は戦いを恐れ、アドリア海に集結している。空港が建設されたが、四万人の兵士はコーヒーも制服もなし。復活祭では住民がケーキを作るが、警察は兵士が飢えている時に贅沢と没収している。兵士が自殺した。妻からの手紙には四人の子供のうち、二人が病で薬も食物も買えぬと訴え、自分が若ければ体を売るのにと書いてあった。別の兵士も同様の手紙を受け、自殺未遂。……ギリシア人、トルコ人はすでに島を離れ本土へ。島の住民は戦争を待ちわび、英土連合国の助けにより、イタリアのくびきから解放されることを望んでいる。(26)

貧者の帝国主義は、メッキが剝がれるのも早く、貧しくイタリア当局から抑圧されていたはずの海綿ダイバーに同情とも見える感想さえ抱かせている。それは後発帝国主義国が背伸びをして新たなヨーロッパ内植民地を形成した悲劇というだけでなく、帝国主義が有する自家撞着の現われでもあろう。国際連盟の成立と崩壊による政治的変化、経済的要請に対応しきれない植民地体制、社会的矛盾からくる人の移動によるナショナリズムの拡散といった問題に加えて、ファシズムの暴力が肥大化し、地中海は戦間期中に受難の時代を迎えた。

これに抗う側へ目を向けると、ロドスの中央集権的統治で分断されたドデカネス内のネットワークは、女性の抵抗運動のように時差を伴いながらの伝播を維持しつつ、難民・移民による海外ネットワークとの相乗効果から反伊闘争を強化した。それでも、ローカルな島民の意向とグローバルな汎ギリシア思想は必ずしも一心同体ではなく、双方の共通目標は帝国支配からの解放という点に絞られていく。他方、政府を「主体」としないグローカルな抵抗運動は国家が主導する戦争に併呑され、現地住民が形成する「関係性」に基づく組織・制度化の余地は失われていったのである。

注

（1） 地名のローマ字表記はイタリア語文書からの引用が多いため，カッコ内は最初にイタリア語表記と次にギリシア語，トルコ語など現時点における帰属国のローマ字表記を記す。なお，イタリア語表記にも相違が存在し，英語表記はこれらとも異なる場合があり，総じてローマ字表記は多様な状態にある。

（2） Archivio Storico-Diplomatico del Ministero Affari Esteri, Roma, Serie Affari Politici 1919–1930, Dodecanneso（以下，ASMAE, AP 1919–30）, B. 986, F. 2416, Telegr. P. N. 8916（1919/8/27）. 一九二五年六月のイタリア議会でムッソリーニは，「嘘つきで裏切り者」のスフォルツァが作り出した状況から脱却すべく，対外政策を自らの指導によって変えていると述べた。The National Archives, Kew（以下，TNA）, FO 286/927, No. 542（1925/6/22）.

（3） Archivio Centrale dello Stato, Segretaria Particolare del Duce, Carteggio Riservato, B. 78, F. Conte Carlo Sforza, 18/2/XXI.

（4） ASMAE, AP 1919–30, B. 985, F. 2404, Telespr. N. 234441/11（1922/4/28）, Promemoria Maissa sul Dodecanneso. ASMAE, AP 1919–30, B. 986, F. 2426, N. 4141/581（1923/4/10）.

（5） Doumanis and Pappas（1997: 108）. ASMAE, AP 1919–30, B. 986, F. 2426, N. 4704（1923/3/21）. ドイツ軍も参加した苛烈な砲撃により，同島は「アナトリアのヴェルダン」とまで呼ばれた。TNA, FO 371/7600, C 14182/1953/19（1922/10/11）.

（6） TNA, FO 371/7867, E 6833/5/44（1922/6/30）. TNA, FO 371/9888, C 2485/1900/19（1924/2/6）.

（7） ASMAE, AP 1919–30, B. 985, F. 2411, N. 9550（1922/10/9）.

（8） ASMAE, AP 1919–30, B. 986, F. 2416, Telegr. P. N. 445（1923/12/21）.

(9) ASMAE, AP 1919-30, B. 986, F. 2416, Telegr. A. N. 29 (1923/1/4). ASMAE, AP 1919-30, B. 982, F. 2376, ?/2502 (1921/10/29). ASMAE, AP 1919-30, B. 986, F. 2416, Telegr. A. N. 1083 (1923/12/16). TNA, FO 371/10222, E 2694/2694/44 (1924/3/25).

(10) ASMAE, AP 1919-30, B. 985, F. 2411, N. 372 (1922/2/8). ASMAE, AP 1919-30, B. 985, F. 2411, N. 6963 (1922/7/17).

(11) *Ibid*. ASMAE, AP 1919-30, B. 985, F. 2411, N. 10958 (1922/11/27).

(12) Doumanis (1997: 26, 37, 63). ASMAE, AP 1919-30, B. 985, F. 2410, Bozze di stampa riguardanti l'indice delle materie di una relazione del Conte De Bosdari, già Governatore a Rodi, s. d. (1922). ASMAE, AP 1919-30, B. 986, F. 2426, N. 4704 (1923/3/21).

(13) ASMAE, AP 1919-30, B. 985, F. 2410, Bozze di stampa riguardanti l'indice delle materie di una relazione del Conte De Bosdari, già Governatore a Rodi, s. d. (1922). ASMAE, AP 1919-30, B. 985, F. 2411, N. 10958 (1922/11/27). Pignataro (2011: 199-200). Doumanis (1997: 71-72, 74-75).

(14) Doumanis (1997: 66). ASMAE, AP 1919-30, B. 979, F. 2344, N. 4160 (1918/11/13). TNA, FO 371/21182, R 6441/2301/22 (1937/9/24).

(15) TNA, FO 371/12957, C 1923/976/22 (1928/3/1).

(16) TNA, FO 371/24963, R 6937/4786/22 (July 1940).

(17) Pignataro (2011: 182). TNA, FO 371/19538, R 4581/33/22 (1935/7/5). TNA, FO 286/961, No. 225 (1926/6/2). 一九二四年のイギリス外務省報告によれば、ゼルヴォスは次期大臣と目され、彼の強硬なギリシアとの統一論には懸念が記されている。その時点でのギリシア外相もドデカネス出身者であった。TNA, FO 371/9883, C 14493/160/19 (1924/9/1).

(18) TNA, FO 371/7600, C 15507/1953/19 (1922/10/30). ゼルヴォスの「反伊活動」にイギリスは資金を提供していると、イタリア駐希公使は何度も抗議していた。TNA, FO 286/961, No. 16 (1926/1/15).

(19) ASMAE, AP 1919-30, B. 982, F. 2381, N. 2148/528 (1921/7/20). ASMAE, AP 1919-30, B. 982, F. 2381, N. 2368/579 (1921/8/12).
(20) TNA, FO 286/927, No. 333 (1925/10/27).
(21) TNA, FO 286/927, C 107/106/19 (1925/12/24).
(22) TNA, FO 371/15957, C 7634/6/19 (1932/8/5). 一九二四年頃から、ギリシアの新聞ではドデカネスとキプロスによりエーゲ海共和国を連盟の監督下で作るという案が繰り返し論じられていた。TNA, FO 371/9883, C 16993/160/19 (1924/10/29). TNA, FO 286/927, No. 160 (1925/5/21).
(23) TNA, FO 371/19538, R 4581/33/22 (1935/7/5).
(24) TNA, FO 371/6569, E 2519/2519/44 (1921/2/24).
(25) TNA, FO 371/11528, E 6437/59/44 (1926/11/14). その後もモデル農場を作って、ユダヤ人やオーストリア国境周辺住民の入植が図られるが、実績はあがらず、ドデカネスはイタリア官吏の左遷先というイメージが強かった。TNA, FO 371/20410, R 914/201/22 (1936/2/11).
(26) TNA, FO 371/23825, R 8348/2016/22 (1939/10/2).

参考文献

〈史料〉

Archivio Centrale dello Stato, Segretaria Particolare del Duce, Carteggio Riservato.
Archivio Storico-Diplomatico del Ministero Affari Esteri, Roma, Serie Affari Politici 1919-1930, Dodecanneso (略記 ASMAE, AP 1919-30).
The National Archives, Kew (略記 TNA).

〈二次文献〉

Barberani, Silvia (2009) "L' occupazione italiana a Kastellorizo: memorie e contromemorie," in Massimo Peri ed.,

La politica culturale del fascismo nel Dodecaneso, Esedra editrice.

Bosworth, Richard (1970) "Britain and Italy's Acquisition of the Dodecanese, 1912–1915," *Historical Journal*, 13 (4).

Doumanis, Nicholas (1997) *Myth and Memory in the Mediterranean: Remembering Fascism's Empire*, Palgrave Macmillan.

Doumanis, Nicholas and Nicholas G. Pappas (1997) "Grand History in Small Place: Social Protest on Castellorizo (1934)," *Journal of Modern Greek Studies*, 15(1).

Franghiadis, Alexis (2009) "La politica economica del fascismo nel Dodecaneso: il periodo del governatore Mario Lago (1923–1936)," in Massimo Peri ed., *La politica culturale del fascismo nel Dodecaneso*, Esedra editrice.

Pignataro, Luca (2011) *Il Dodecaneso Italiano 1912-1947*, II: *Il Governo di Mario Lago 1923-1936*, Solfanelli.

Rappas, Alexis (2015) "The Transnational Formation of Imperial Rule on the Margins of Europe: British Cyprus and the Italian Dodecanese in the Interwar Period," *European History Quarterly*, 45(3).

Sutton, David (1994) "'Tradition and Modernity': Kalymnian Constructions of Identity and Otherness," *Journal of Modern Greek Studies*, 12(2).

Villa, Andrea (2016) *Nelle isole del sole: Gli italiani nel Dodecaneso dall'occupazione al rimpatrio (1912-1947)*, Edizioni SEB 27.

第4章

沖縄はどこからきて、どこへゆくのか
——独立の回路を求めて——

佐藤幸男

はじめに——思考の隅景

アフリカから出立したホモ・サピエンスが、大航海を経て日本に到達するのは約三万年前である。彼らは渺々たる青い海に浮かぶ小さな島影を追いながら、美麗《フォルモサ》、宮古、八重山、奄美へと連なる群島域に定着した。これら人びとは移動と定住、離散を繰り返し、ときに自然と政治権力の過酷な収奪に耐え、強烈で濃厚な固有の生活文化を積み上げていく。やがて海上の道である琉球孤はひとつの群島域をなし、アジア群島地帯につらなるミクロなリージョンとなる。この緩やかな群島世界に管理や統制、暴力を是とする近代国家が介入することで連続体としての歴史が構築される。しかし、海域世界は交易、侵略、植民、奴隷を含むヒト、モノ、財《カネ》、知識の移動が寄せては返す波濤のように、地球を覆っている。そのなかで海の声は一つではなく、「溺れた人びとの声」「数多くの死者たちの声」「亡霊たちの呻き声」が入り混じるざわめきのような複数の声となって、もう一つの歴史を織りなす。

それはラフカディオ・ハーンがマルチニックを舞台にした情景描写に似て、多声的でディアスポラな連帯の萌芽となる豊かな想像力の源ともなる。

いまなお世界には約三億七〇〇〇万人の先住民が暮らし、その民族の数は五〇〇〇ともいわれているが、海に囲まれた北海道、沖縄、小笠原諸島にも先住の足跡が深く刻まれている。また、北海道・樺太から台湾、朝鮮の空野に分かち送られた常民の歴史の結節である「東アジア海」のなかにある沖縄には、海と島とが「交差」する時間がながれている。海域世界における群島思考は、いうまでもなく点在する島々が孤立するのではなく、海と海、人と人をめぐり合わせ、リゾームのように凝集する「多様体」のなかから生成される。この空間的な広がりは領域横断的に行き交うフローの総体であることから、近代国家の露骨な暴力的介入、国家管理や統制圧力を分節化したり、脱臼させたりして「近代」のありようを正視するのである。いわば「帝国」に席巻される風景を「周縁」から揺さぶり、統制から避けることで地球の鼓動を伝播しようとする試みは、いまでは「島嶼景観史（Islandscape Histories）」あるいは「海景認識論（Seascape Epistemology）」として、その領野を広げてきている。

本章では非国家的な空間認識をベースとした地域史的な文脈を横糸に、世界の抜き差しならない現状を貫く「グローバル／ポスト冷戦後」を縦糸にしながら、ポストグローバル世界（あるいはアフターコロナの世界ともいえる）に浮かぶ群島／沖縄の思想的未来可能性を織りあげてみたい。そこには、結合する複数の歴史を通じてたびたび発せられてきた沖縄からのデモクラシーに対する根源的な問いが装いを新たにし、出口の見えない混迷の淵で喘いでいる世界をトランスナショナルな視点から捉えかえすねらいがある。

沖縄人のわななくような不条理への怒りは、世界に広がっている多様な抵抗の歴史と現在を架橋する視線と自画像の相克と重なりあう。宮城島明は一九七〇年代沖縄の超越的な存在性を強調し、第三世界の植民地主義からの解放＝国家からの離脱をめざす実践としての沖縄を主張した。宮城島は、沖縄返還論から植民地／民族自立論への転換を促す時代のなかで「〈大和、沖縄〉を貫ぬく歴史空間が、沖縄を取り巻く世界階級情勢のどまんなかで、どう〈世界性〉を獲得し得るのかと問われているにもかかわらず、それを同一民族、同一国家という「日本」的範ちゅう、一県的な規模でしか返還過程の沖縄は展開しえていない」(原文のママ)(宮城島一九七一：一三六―一五一)と説く[1]。パレスチナ問題が国家の枠組みを突き抜けるのと同じように、沖縄が「世界性」と共鳴・共振するのは、国境を超えて反植民地主義・反人種主義・核廃絶運動・香港／台湾の市民決起、韓国のろうそく革命、そしてBLM運動へとつらなるコスモポリタン的なアナーキズム思想の原基なのである。〈世界性〉獲得に至る経路と目標を実現する社会の姿と暮らしを、固有の自然生態系に適合させながら自律的に創出する共同体主義《コミュニタリズム》の思想を審問せねばならない。〈世界性〉とは、いうまでもなく脱領域性、横断性、人新世やポストヒューマンに裏打ちされたネットワーク性に由来する。ここにグローバル関係学の地平が切り拓かれていよう。この〈世界性〉を獲得するためには、少なくとも沖縄を広い文脈のなかに置き直し、アジアや第三世界を含めた世界的なトレンドと向き合い、われわれが直面している問題として置換することがなによりも肝要であろう。

一　世界のみつめ方のパラダイムシフト

気候変動や災害、感染症によって世界が大きな危機をむかえているなか、近代の闇ともいえる紛争、大量殺戮、虐殺、アウシュヴィッツ強制収容所を貫く人間性喪失の累々とした惨禍、そして科学技術の爆発的な進展（その究極に核／原発がある）が陸続した二〇世紀は人類にどれほどの歩みを残したのか。人間活動が自然を搾取可能な資源とみなし、その関係を改変し、気候変動も動植物生息地の破壊も、有害な化学物質の拡散も、その生存基盤を侵食することでのっぴきならない状況に世界を貶めている現実がある。感染症との共存を謳う「新しい生活様式」「新しい日常」が説かれるなか、世界を壊滅的な危機に陥れている地球環境の破壊にたいする想像力の圧倒的な欠如を自問せねばなるまい。自然環境と人間活動との諸関係にパラダイムシフトを呼び込む根源的な問いを照射する必要がある。

オルタナティヴな環境観、生命観、世界観を模索するジェイソン・ムーンは、初期の資本主義が資本蓄積の一形態としての植民地主義が「安価な自然（cheap nature）」を出現させる条件となったと指摘する（Moone 2017：594-630）。この安価な自然とは、労働、エネルギー、食料と原材料であり、ネオリベラリズムがこれらをいかに安価に創出するかに価値をおき、自然・生物や無償労働を犠牲とし、搾取を前提としたことから、環境危機の元凶となったのである。この植民地の領土資源や地域住民の差別力学は、南／第三世界を覆う「開発と紛争」の根底にある「資源の呪い」や「開発原病」にも底通する。リスクと大災害という重背を負う、温暖化した地球は水床の減少、海面の上昇、異常な気象がみられる世界となったのである。

近代はまさに「狂気」の道を歩んできたといえる。「進歩」を執拗に追求してきた結果、いまでは身体や居住する空間にまで分断の危機が及ぶことで「近代」という仕組みはますます窮地に追い込まれている。世界を形づくる体制変容が人間活動と地球環境の変化との因果関係によって明らかになっても、政治は反科学的思考を鼓舞するばかりである。抑制させる温暖化対策には目もくれず、富を囲い込み、政治による調整機会を奪うトランプ大統領のような、ポピュリズムが横溢している。

毎年スイスのダボスで開催される世界経済フォーラムでは『グローバルリスク評価報告書』が公表されてきた。二〇二〇年版報告では、世界の政財界リーダーが回答したリスク上位五項目がすべて気候リスクと環境リスクであったが、二〇一八年報告で取り上げられていた感染症の広がり、そのパンデミックリスクの項目はいつのまにか消去されている。グローバルリスクは経済的脆弱性、地政学的緊張、テクノロジーの不安定性にあると世界経済エリートたちは断じるが、気候変動による危機に国家が後ろ向きであることから制御不能なリスクが創出されたことを不問に付すことはできない。

ポストコロニアルとしての「植民新世(Plantationnocene)」

近代化、開発／発展、成長／進歩、持続可能といった指標から人間の社会活動を測定することに比重を置く価値観は瓦解している。企業公害、大気汚染、水質汚染、森林破壊、温暖化などによってみずからの生存基盤を著しく弱体化させ、周辺環境を激変させてきた。とくに、一九五〇年以降の人間活動の著しい増加と、その結果としての環境の急激な変化は「大加速(Great Acceleration)」と呼ばれ、資本主義と議会制民主主義などの社会システムや、文化と気候危機を生じさせる地質学的な長期タイムスケールとを組み合わせることで、変化の社会的原因や人類の苦境に注意を向け、日常生活を省みようとする知的営為は「人新世(Anthropocene)」と呼ばれる。これは、均質化された「人類」の活動に着目し、地理的な南北格差や権力構造、紛争、責任の問題を不可視化する。むしろ自然と社会との関係性、人間中心主義や技術楽観主義を打破し、「ひとつの地球」という物語と、「いくつもの世界」という物語とのあいだに生じる民主主義の功罪を等置させる思考に関心が集まっている。

この「人新世」によって地球規模での切迫した問題への注意が喚起されたことで、さまざまなバリエーションをもって文明が生みだした不幸の数々が語られはじめている。資本主義の論理を再審する「資本新世」、ポストコロニアリズムを引き継ぐ「植民新世」といった概念を駆使して自然収奪的な動植物、菌類、生殖質、ゲノム操作を急速かつ強制的に移動させ、再構成する過程こそが気候変動をもたらす最大の要因であると断じる。自由放任主義的な資本主義が地球規模で暴走し、国境を凌駕し、これまでの共同体、社会的連帯、国民国家の規制を無視することで、人類を破綻の淵に追いやっている。ダナ・ハラウェイによれば、「植民新世」とは、奴隷労働を嚆矢とする疎外された被搾取労働にもとづく自然収奪型囲い込みプランテーションへと変貌する悲惨な状況をさしている。奴隷依存の大面積栽培システムこそが炭素を大量に使用する機械ベースの工場システムの推進力となり、いまではグローバル化したアグリビジネスや食肉生産がかつてないほどに環境に負荷かける現世をいう(ハラウェイ二〇一七:九九―一〇九)。現代世界の病理を鋭くえぐりだす歴史学者のアントニー・ホプキンズは、「帝国」研究の立場から、一九五〇年代以降から今日までのグローバリゼーションを「ポストコロニアル・グローバリゼーション」として特徴づけている。その祖型は、「地理上の発見」であり、現在のグローバリゼーションの発端をなす(Hopkins ed. 2002: 7-8)。自然を攪乱してきた人間の歴史と向き合うとき、ウイルス出現の起源や感染の歴史も、グローバリゼーションの歴史の鏡のなかにみごと映しだされるのである。

グローバル経済と植民地主義、人による人の搾取、支配と隷属、人による自然の搾取と収奪の上に成り立つ豊かな生活を見直す契機として地球環境問題を捉え、ある特定な人間に責任を転嫁したりせず、被害を押し付けないような社会を構築するにはどうすればよいのか、資本主義への根源的な問いと時代認識を含めた世界認識のあり方の転換がせまられている。

二　ポストヒューマン的状況と「野生のデモクラシー」の蘇生

近代の力による「自然支配」のための道具としてのテクノロジー、無限の経済成長を前提とする資本主義的生産システムを根底から支える生活様式そのものに人種差別、女性差別、植民地主義、環境破壊がむすびついてきた。フェミニズム研究のロージ・ブイライドッティは、差別と排除を永続化される西欧知(それは人間の存在を規定する諸前提に西欧、白人、男性中心主義的な「人間」観を保持する)の経済と、人間と自然にとって地球的規模問題である気候変動と荒廃の脅威を交差させる批判的な手法をポストヒューマンと名付けた。

問題を解決するうえで人と人、あるいは人と場をつなぐ共通性や共同性がポストヒューマン、つまりは批判的ポストヒューマニズムの時代へと誘うのは、環境保護とエコロジーが、自己と他者、他者としての人間以外の他者との相互連結に基づく共同体の福利と結びつき、自然的必然性の領域内での転換を問うからである。また、ポスト冷戦期における紛争暴力は身体的な残忍性をもっている「死－政治(necro-politics)」が前衛化し、新型コロナウイルスが世界を覆い、二一世紀のレア・ディザスター(rare disaster)として疫病、細菌《バイオ》戦争、大災害が数多くの人びとの命を奪い、社会経済活動を破壊することで、死とシンクロした人類的危機を現出させたといえる(プイライドッティ二〇一九：一六八－一七四)。それゆえ、「絶滅への叛逆」は、グレタ・トゥンベリら世界の若者たちの抗議活動にみられる市民不服従として地球規模で展開するのである。

二〇二〇年のミュンヘン安全保障会議では、「西欧の消失(westlessness)」が論議された。たしかに、その「西欧の消失」は現実性を帯びつつもグローバルに広がる危機の連鎖、資本主義の暴走が招いた地球温暖化、環境への無秩序な介入の結果、「安全保障」概念を大きく揺るがしている。いまでは情報技術(AI)によるデジタル監視社会によるデジタル封建制か、サイバー独裁か、あるいは自由の崩壊か経済社会的格差拡大かの分岐のもとで、デモクラシーの危機が迫っている。アフターコロナがつくりだす新たな世界秩序について、イスラエルの歴史学者ユヴァル・ノア・ハラリは、フィナンシャル・タイムズ紙(URL①)に寄せた論考で次のように警鐘を鳴らす。それは監視技術の恒常化とグロテスクな主権権力の肥大化への懸念である。彼は劇的に変化するアフターコロナの世界は二つの選択肢、その一つは「全体主義的な監視」か「市民の権限強化」かであり、いま一つは「国家主義的な孤立」か「グローバルな結束」か、であるとしている。

グローバルな政治病理から人類が抜け出す転換期にあるという状況認識のもとで看過しえないのは、「生‐政治」への主権権力の過剰な介入を容認することである。イスラエルのネタニエフ首相はコロナウイルス患者を追跡するために、通常は対テロ戦争を想定して配備された監視技術を安全保障局に許可した。ウイルス患者の動向を追跡し、接触した人びとを特定し、生体認証監視システムを維持するために、例外状態を社会に恒常的に埋め込むことを目論む。人間の尊厳や自由よりもセキュリティとコントロールを優先させる、このディストピアなシナリオは、必然的に生物学的人種主義をよび起こさせずにはおかないほど危険である。

それゆえに、国家に抗する「野生のデモクラシー」あるいは「蜂起するデモクラシー」が召喚されるのは、安全保障を超えた自由、国家を超えた民主主義、政党を超えた政治、資本主義を超えた経済組織、生政治を超えた生」をめぐる問いかけである(アバンスール二〇一九：七‐八)。これは社会革命実現に向けた運動としてではなく、世界でくり広がれている多様な思考と実践の総体として地球規模で一定の共通性をもっているがゆえに自ら提起し続ける問いとなり、いまでは無始原《アナルシー》の原理となっている[2]。ここでは権威や正統性の根拠不在という根源的な意味をさしている。つまりは人‐動物(自然)の支配関係のありようや殺傷与奪の政治主権、暴力を根元から問う政治哲学の本質的な視座なのである。

「アナーキズム的転回」とデモクラシー・モーメント

一九八〇年代、レーガノミックスに始まる新自由主義に牽引されたグローバル化は、アメリカの思惑の通りに南／第三世界を経済破綻させていった。しかし、それだけにとどまらないのは、グローバル化にたいする人びとの不満や格差が排外主義的民族主義を拡大させ、貧富の格差や金融資本による産業の構造転換と労働不安が、復古的な反動的自国中心主義と拝外的ナショナリズムを高揚させた。その一方で、難民・外国人労働者・移民に「他者化」の視線が向けられ、分断と差別を常態化させることで国民国家アイデンティティそのものへの危機となっている。

貧困と不条理が渦巻くグローバル世界は、帝国的支配の再編とヘゲモニーにたいする民衆の怒りや革命・抵抗という構図のみで語るだけでは不十分である。国境を越えた移動・移転は商品や規律を生産するだけでなく、意図せざる感染、汚染の増速を付随させた。皮肉にも、グローバル化を牽引し、その中心に君臨したニューヨークなど世界都市《グローバル・シティ》で新型コロナ感染被害が突出していることは劇画的ですらある。グローバル資本主義経済の限界と転換、既存国際秩序の行き詰まりを象徴する、少なくとも冷戦の勝利者らが寿ぐグローバル資本主義経済と民主主義体制の結合という「神話」は瓦解し、西欧中心主義の冷戦観もパラダイム転換せざるをえなくなっている。

一九九四年、グローバル資本主義経済の幕開けともなった北米自由貿易協定（ＮＡＦＴＡ）の発足に合わせて、メキシコ南東部チアパス州の先住民が蜂起したことはよく知られている。反グローバル化の象徴的存在となった先住民族ゲリラ組織サパティスタ民族解放軍（ＥＺＩＮ）が掲げる「権力を奪取しない革命」としての「抵抗」と、「もうひとつの世界は可能だ」というオルタナティヴなスローガンは、低迷する社会運動や飛躍を狙う国家統合／連合のあり方に衝撃を与えた。文化人類学者のデヴィッド・グレーバーはこれを「アナーキズム的転回」と呼び（グレーバー二〇二〇：一五一一六）、「国家なき民族」による水平的な共同体の構築という試みに注目する。

さらに瞠目するべきは、南米仏領ギアナで二〇〇九年に起きたトランク運転手のストライキを起点に、カリブ海グアドループ島で結成された過剰搾取反対連合が大衆の支持を得て島ぐるみのゼネストを誘発し、その過程でマルチニック島とインド洋のレユニオン島に飛び火して、まるで群島状の蜂起が「別《オルタナティヴ》の生き方」を求める集団的自己組織化の連鎖をつくりだしたことである。この「高度必需宣言」の連鎖はいまや地域を超え、国家を超え、社会を超えて連関するダイナミズムへと転回してきている。二〇一一年、「わたしたちは九九％だ」というスローガンのもと、オキュパイ運動、路上占拠運動、黄色いベスト運動をはじめとする民衆騒乱のスペクトラムは、まさにトポグラフィーと連結した街路のユートピアが、レ・ミゼラブルに登場する「民衆の歌」とともに世界中にこだました。

まさに二〇一九年は、「民衆騒乱の年」として語られることもけっして過言ではない。フランス、スーダン、ハイチ、イラク、エクアドル、レバノン、アルジェリア、エジプト、ギニア、ロジャヴァ、香港、パプア、カタルーニャと数え切れないほどに、諸国家の「敵」に立ち向かう市民(民衆)たちの反撃が展開している。社会的不平等という暴力が明るみにさらけだしたグローバル資本主義経済は瀕死である一方で、通奏低音《バッソコンティヌオ》としてのアナーキズムの今日性《アクチュアリティ》が浮上している。

アナーキズムの今日性《アクチュアリティ》

ここでは、現在性の哲学としてリベリズムを再審するアナーキズムの潜勢力に着目し、その原像から世界変容の未来に沖縄独立を投影させて思考交差してみよう。資本主義的な生産・蓄積・消費のなかで「労働」の意味が歪められていく。こうしたなかで理念的協働体、共生的(conviviality)なユートピア的共同体を夢想する表象が生まれる。キリスト教社会主義思想家、石川三四郎(一八七六―一九五六)はその先駆的な人物である。かれの「土民生活《デモクラシー》」思想、農本主義と称される自然と地理的環境重視の生活における自治思想が国家中心主義を超えた思想は、人類的な道徳性の向上と簡素な生活のなかに平和を創出することを理想とし、生と自然とが密着した生活思想を切り拓いていく。

この思想営為は、グローバル資本主義のただ中にあって、エコロジー、フェミニスト、先住民、身体の政治の抗する無数の運動が予示的世界を体現化させる。その行動原理は、地球的破局のなかで「生=闘争」をさまざまな地域で共鳴させ、地球的多種多様体に自らの身体を生成変化させることで、領域や国民国家を超えて「地球的生成の地図」を織り上げていく(高祖二〇一八:一八―二三)。

明治期の石川三四郎にとっては夢想だにしなったことであろう、このグローバルな思想としてのアナーキズムあるいは「方法としてのアナキズム」(鶴見一九九一)がかくも勃興し、いまでは時代を牽引する地点に立っている。その足跡を辿れば、多様な人物像を掘りだすことができるが、ここではアナルシー思想の萌芽に注目してみよう。『地人論』(ルクリュ/石川二〇一三)の著作で知られる、フランス地理学(地政学)の創設者であるエリゼ・ルクリュ(一八三〇―一九〇五)は、パリ・コミューンの政治犯(約三〇〇〇人)としてニューカレドニアのイル・デ・パン島に無期流刑されるが、ダーウィンらの国際知識人の嘆願運動によって赦免され、スイスへの亡命をへて帰国する。この間、ニューカレドニアで囚人としてコーヒー栽培労働に駆りだされたりする。この植民地体験(一八七一―一八八二)が、のちの自然環境、社会環境を基礎とする「人間と大地」論の基礎となる。植民地的含意には未開民族にたいする民俗誌的知見が関与することはいうまでもない。

地理学(地政学)教本、全四巻六分冊からなる『地人論』を著したルクリュは、西欧中心主義、自民族中心主義を相対化し、生きたものとしての地球という視点から現代に通じる動物、植物、人間すべての連帯的共生的思想を編みだす。ブリュッセル自由大学の地理学講座担当として招聘され、エコロジカルな倫理的哲学的側面からのアナルシー思想を展開し続ける(野澤二〇〇六：二〇一―二六)。そして、やがて自然と環境重視の生活における自治思想が国家中心主義を超えた思想へと深化していくのである。

石川三四郎の亡命先であったヨーロッパでの思想的軌跡を丹念に追求した米原謙は、ルクリュとの濃密な交友関係やフランス南部ドルドーニュ県での自然耕作生活、半年間にわたる仏保護領モロッコ滞在を詳細に記録している(米原一九九六：四七―五四)。そのなかでも、イギリス人エドワード・カーペンターとの出会いによって石川は、「人間と自然」との関係性から共生思想と内発的発展論の可能性を見いだしていった(稲田二〇〇〇)。一九一九年、甥のポール・ルクリュとともに訪れたモロッコ体験は、「石川にとって地理的環境論」の視座定立に施策を定める契機となったのもたしかである。帰国後、ルクリュの地理学体系とその思想は、そののち大杉栄(一八八五―一九二三)らに継承されていくことになる。

「土民生活《デモクラシー》」、「農本主義」と称される自然と環境重視の自治思想が育まれていくのは、国際的な知識人ネットワークに支えられてのことであった。ここで着目したいのは作家の小牧近江、有島武郎や芹沢光治良に引き継がれる石川三四郎の平和思想、社会思想がその先駆けとなったことである。

三 「独立」というコードを再構築する島嶼の自立連鎖

冷戦の終わりから三〇年がたった現在、グローバル空間の位相は諸勢力、複数の権益、社会組織、文化集団、文明圏、自然環境などがぶつかり合うなかで、漸移地帯あるいはそれらから完全に遊離された空間地帯という地理的条件を有する地政的なアナーキー空間が行政境界地帯や行政的管理から抜け落ちて形成され、拡大している。政府の管理下にない不管地が続出してローカルコミュニティの連環が推し広がっている。

近代国際社会では、中心と周辺との関係を軸として、「豊かさ」が外部の周辺地域からの資源収奪に依拠する構造的不平等を内包した秩序が形成された。ここで重要な役割を果たしたのが「アナーキー」概念であり、外部の周辺地域が「無秩序なアナーキー」と表象されることで、介入・統治、支配と排除の対象となる例外的な存在として位置付けられていく。資本主義と植民地主義がリベラリズムと融合して世界を支配する構図の見取り図が形成されて、今日に至る。こうしたなかで外部の周辺に追いやられた地域とされた南/第三世界は明確な歴史認識をもった存在となった。それは第二次世界大戦後の国連総会において採択された「植民地と人民に独立を付与する宣言」(一九六〇年一二月一四日)によって、また戦後世界を支配する冷戦という対立図式のなかでのことであった。

冷戦さらには冷戦後の国際関係の基調は、主体としての「民族」と「地域」という問題を抱え込みながら、領域的主権国家体系に沿った地理的想像力を欠く経済格差、南北格差、気候不正義に起因する差別・排他的暴力が跋扈する世界であった。とりわけ、太平洋を取り囲む大国から見放された規模の小さな島嶼地域群は戦後秩序から大きく取り残された。しかも、地理的経済的軍事的政治的脅威の語り手であった欧米旧宗主国によって創出された地域概念は軍事戦略を地政学的に表現した用語となったのである。

たとえば、「アジア太平洋」とよぶ地域は太平洋島嶼民の命を無差別に奪い、生態系を破壊する行為(核実験など)である戦争を可視化する軍事戦略的表現である。二〇一一年、オバマ大統領が発した「太平洋の基軸」宣言は、ハワイ先住民活動家カレイコア・カエオの比喩を借りれば、米軍太平洋司令部がまるでタコの頭となり、多足多腕の怪獣の如く、その触手は日本、沖縄、韓国、済州島、台湾、グアムを握りしめ、フィリピン、米領サモア、ウェーク島、ビキニ環礁、マーシャル諸島のグワジェリン島にまで忍び寄っている。そして、これら地域に敷設された米軍基地ネットワークは、最新鋭の軍事技術を駆使する実験場であるだけではない。世界に向けて大量殺戮、生態破壊、土地と労働を収奪するこれら軍事基地ネットワークは、ウイルスのパンデミック拡大の拠点であることも忘れるわけにはいかない。

この「アジア太平洋」地域(いまでは「インド太平洋」に置換されている)で、植民地からの独立を求める声が高まっている。その一方で、「国際社会」の憲章原則の引伸を意図する施政国とのあいだには大きな距離がたちはだかっている。いかに植民地主義が根深いものであるかをしめすなによりの証左であるが、国連は、一九六一年の宣言を受けて実施勧告する特別委員会を設置し、かつ完全非植民地化を達成するための「国際植民地主義撤廃の一〇年」を総会決議している(いまは第三次宣言である)。

その完全なる自治を達成するべき地域の多くは、アジア太平洋、大西洋カリブ、地中海にある極小島嶼国家である。

二〇一八年には植民地支配の不正義に翻弄されてきたフランス領ニューカレドニア独立の賛否を問う住民投票、二〇一九年にはパプアニューギニア・ブーゲンビル島の分離独立、さらには群島国家インドネシアでは西パプアやアチェの分離要求やネイティヴハワイアンによる独立自治が連続する。この「アジア太平洋」はにわかに周回遅れの自立／自律運動が勃興する地殻変動地帯となっているといえる。それも環境と融合する先住民文化、なかでも生政治に直面する女性たちが大きな役割を担っている点で際立っている。

帝国の軍事喧伝に抗して自決、分離、内的自治、ひいては人民の権利としての生存権、マイノリティの権利、平和と安全の権利、天然資源の恒久的主権、発展する権利、環境権が保障される島々のつながり、水平軸による共生の思想実践は、「正義」の声としてあがっている。経済格差や文化的差異、差別された先住者や少数者に向けられた暴力の内旋が横溢するなかで、帝国の周辺に孤立して置かれた島々が自立的な生き方を模索する世界観を再構成させる試みが始まっている。「一つの国家に一つの国民」「国民を備えた国家」観が内的に存在する異質な人びとを統合することの不可能性が顕在化するなか、ポストコロニアル批評が隆盛を極める。現代的問題と植民地時代の伝統とをリンクさせ、政治的要求の運動を再活性化させるのである。かれらの語りは、「アジア太平洋」ではなく、境界線のない島々の海として、その固有性と可能性を謳いあげ、島々を線引きし、切り離した植民地主義の遺産との決別し、普通の市民／ハイブリリティ／ネイティヴとを結合する知的実践が帝国の膨張と支配神話に挑もうとしている（春日二〇〇四：五三―六六）。

それればかりか、このアジア太平洋諸民族の自決の意思はそれこそ香港、台湾の「民衆蜂起」やロヒンギャ、ウイグル、内蒙古をはじめとして弾圧されている少数民族の声に寄り添うことになる。沖縄が太平洋を貫く平和の要石になり得るという社会構想が希求されるのは、朝鮮半島の分断、台湾海峡両岸四地（中国本土、台湾、香港、マカオ）、日本本土と沖縄、北海道全てが伝統的な国民国家の枠組みには収まりきれない地域的な広がりをもつからである。

そこでは構想力が問われる問題が山積している。沖縄を世界軍縮の拠点に、さらには韓国済州島、台湾と連帯したミクロリージョンとしての琉球弧が浮上しようとしている。島嶼防衛構想による奄美、沖縄、先島諸島への自衛隊配備は皮肉なことに地域住民に歴史の読み直しを促し、一つの生存空間を再生させつつある。新城郁夫は、「辺野古の闘いは、領土、領海、領空という自らが決して示すことのない国家（間）に幻出される線を、厚みを持った動く線の群れとなって漕ぎ出でまたぎ越える人びとの生を、日々新しい政治的身体へと書き換えている」倫理性を強調している（新城二〇一六：一二〇―一二八）。沖縄占領がもたらす圧政への抵抗、沖縄の日本復帰をめぐる批判と抵抗、復帰後の基地集中と格差の拡大、沖縄人としての自己意識と民族性《アイデンティティ》の獲得、いずれもが越境的な社会運動の先端を切り拓いてきた。そして、現在もまた「沖縄問題」は本土日本との認識の落差と断層のなかに投げ込まれ、「戦争」（コロナ戦争も含む？）に抗する開かれた連帯を追求する問いは、沖縄独立論として地下水脈のように地底に連綿と流れ続けている。

辺野古でくり広げられる非暴力による反基地抵抗運動は、戦争に繋がるいっさいの暴力への絶対的な拒否を希求する。沖縄の今を生きることが、この求めへの絶対的な信頼であると新城がいうとき、生態的破壊や生物共同体としての海域全体を視野に入れ、生き物の命や生活への危害を及ぼす「企業−国家」連合体の暴力に対峙するだけではすまない。民意を反故として、米軍基地の建設、機能強化が推し進められるなかで、やんばるの森や大浦湾の海洋生態と住民の平穏な暮らしが脅かされる暴力への抵抗を「野生の平和」と呼ぶことができるのである。

辺野古が国家を超えるとき——「野生の平和」

中国社会科学院の孫歌は、「反戦平和における国際的な視野、平等・共生の理念、アイデンティティについて表す覚めた判断力が沖縄の特異な場所が生み出したとはいえ、世界に示唆する普遍性をもつ」(孫二〇一〇：六四)とし、その強靭な精神性、崇高な理念に驚嘆する。その一方、沖縄学の創始者である伊波普猷は、「あま世」への希望と「沖縄は何処へ」の不安を滲みだしている(鹿野一九八七)。このアンビレントな関係を、劇作家木下順二の演劇観賞に寄せた書簡で丸山真男は、沖縄の精神的自立、人間解放の重要性を説くが、沖縄が背負ったその抗いの系譜は自立の論理とともに多岐にわたる苦難のあゆみともなった。奄美独立を主張した武田信良や沖縄独立を主導した国場幸太郎はその代表格にしかすぎないほどに、数多くの独立論者を輩出してきた。

米軍占領下にあった奄美・琉球は、地理的空間として二つに分割されていた。奄美・琉球本島を北琉球、宮古・八重山群島を南琉球として、四つの群島単位の軍政府を設置して統治されたがゆえに、二つの地理的空間に分断され、国境二七度線をもって政治的に帰結されることになる。国会審議用に作成された『沖縄復帰の基本問題――昭和四五年度沖縄調査報告』(国立国会図書館調査立法考査局)は、沖縄本土復帰後の選択肢を提供するために、多領域面から考察された好著である。だが、日本復帰への道は本土との連帯や独立が無残にも踏みにじられたことであらたに「独立を発明する」(冨山二〇一四)か、あるいは「国家に〈しない〉、乗り捨てる」(森二〇一九:三一―五一)ことが不可避となったのである。

冨山一郎がいう「独立の発明」とは、既存の政治から離脱すること、いまひとつは、政治を新たに構成すること、すなわち主権や国家の概念に当てはめることなく、新しく創造する政治のモーメントを求めることで、「基地の島」を維持し続ける統治とはなにかを問い、既存の主権に依拠しない、主権横断的な抵抗と独立とを共有する問いである。一方、森宣雄はグローバルな海域の社会思想として、国家形成/対抗の主体ばかりに注目するのではなく、海域世界に見られる複数性と緩やかな思想原理の再編性にその活路を見いだす。

くしくもこの問いは、戦後七五年の精神史的転回と符合し、新たないのちをつなぐ場を拓く共時的な経験に立ち会うことになった。それは「震災前後」の難民性であり、新型ウイルスの拡散によるシステムの内破と離脱が「もうひとつの連帯」を編むことになったからにほかならない。既成の価値観を問い直す「叛乱」として始まった辺野古基地建設反対は、「ノン」を合言葉にして連帯と自己決定権を求める「島ぐるみ」闘争に転じた(山城二〇一六:一二〇―一三五)。それは沖縄が世界内存在として歴史の苦悶を「現在」の閉塞状況に接続させながら、問いを発するアクチュアルな実践哲学の意思力の発露であり、空間的な場のなかにあって押し付けられたナショナル・アイデンティティへの抵抗を意味するところに「世界性」(worldliness)を宿しているのである。

この「世界性」を獲得するためには、少なくとも沖縄を広い文脈のなかに置き直し、アジアや第三世界を含めた世界的なトレンドと向き合い、われわれが直面している問題として置換することがなによりも肝要である。加えて、日本政府は、与那国駐屯地の開設に続いて、二〇一九年より自衛隊の宮古島駐屯地、奄美駐屯地、奄美・瀬戸内分屯地に基地を開設しミサイルを配備することで南西諸島(島嶼)防衛の最前線におくとした。これによって、琉球弧(先島―奄美―種子島を含む)が要塞化に抗する島々の連帯を呼び起こし、その形状からかつては花綵列島(festoon islands)と形容され、南太平洋の島々のつながりと解放を呼び込む列島群で生態学的地域主義《バイオ・リージョン》が再生されようとしているのである。

この境界線を超えた共生や民衆による秩序形成の構想が国家に抗するかたちで根付くとき、地域と地域の境界に埋もれた歴史を想起させずにはおかない。それはまた、日本中心主義のアジア秩序を超克し、歴史のありように大きな影響を及ぼしうる潜勢力として現出しようとしている。この背後には、一〇〇年に及ぶ歴史のうちに築かれてきた移民ネットワークの存在がある。作家の高橋源一郎は連載「歩きながら、考える」(朝日新聞二〇一九年一二月一九日)のなかで、韓国済州島の軍事基地反対運動は辺野古と連なりあい、また日本大使館前の「平和の少女像」は、済州島ベトナムのピエタ像(ベトナム人母子像)と、沖縄の彫刻家、金城実が作成した「アリランの詩――日本軍従軍慰安婦像」が見事に連関していることを語っている。ここにグローバル関係学の真髄ともいえる関係性の詩学が織り込まれている。

おわりに――思想としての台湾の可能性

グローバル資本主義は海賊である。近代主権国家は領土・領域に固守する組織的暴力体系であるのにたいして、グローバル資本主義経済は、領土・領域を超えて、世界のすべてを手に入れ、再分配しようとする。もはや近代主権国家体系の限界が見えている。しかし、むしろ現実はこうした海賊論とは異なって、領域国家や資本主義的搾取がはびこる陸地では実践が困難であった民主主義的ユートピア社会の特性を再評価しようとする解釈が生まれてきている。稲賀繁美は、海賊研究が盛んな台湾の知的空間での一端を紹介している。周知のとおり、台湾は東シナ海域、島嶼領有問題、中台海域国境をめぐる対立や国連海洋法条約の「条理空間」によって公海が統御されていることで生起する多くの問題によって揺さぶられている。これを逆手にとって、島嶼空間を水平的な海洋空間として再創造しようとしていることに着目している[3](稲賀二〇一七)。

そればかりではない。島上的群島論を駆使して〈世界〉の生成と変容の諸相、人間社会の有機的な生存をめぐる隠された理法を、近代的な制度のかなたに求めようとするときの〈関係性〉と〈接続性〉のヴィジョンに与えられた呼び方として、群島思想があるのである(今福・川満二〇二〇:一五四―一七七)。このような島々が連関する世界イメージは、海流循環のなかで生成転回している。呉叡人は「黒潮論」のなかで、世界の一員であるというアイデンティティをつくりあげるために、その存在を自己主張するデモクラシーと民族自決が、グローバル化に勝利する期待感を示している(呉二〇一六:五二―

六九)。

今福龍太がいうように、「「南の島」は、「北の島」を中心とした国家の周縁にあり、中央に集約される権力の構造から疎外されてきた。その周縁性によって、国家という非人間的な主体が国益という仮面をかぶって居丈高に振る舞う様子を外部から微細に観察することが可能だった。中心から離れてあることが、事態の危急の意味を、その本質を照らしだすことに力を貸した。国家によって、半国家的な処遇しか受けてこなかったまさにその植民地性が、かえっていま国民国家という擬制的な巨象の皮膚に突き刺さる棘となり、覚醒した小さな棘の無数の集積が、巨象の自省を迫る大きな力を持とうとしている」ことを確認しておこう(今福二〇二〇:一四七—一五九)。

人知を超えた自然現象のインパクトが地球全体を覆い尽くす大きな物語を復活させようとしているいま、歴史の潮流にリンクし、横断と越境さらには跨境のかなたでグローバルとローカル、リージョンを結ぶ目で、混迷する沖縄への思考力を豊かにすることが求められているのである。

注

(1) 脱稿後に宮城島明(本名:松島朝義)に関する仲里効「残余の夢、夢の回路3」『未来』二〇二〇年夏号に接した。なお、拙稿の補論として「日本の平和研究と沖縄」『広島平和科学』四二号、二〇二一年所収予定を合わせて参照されたい。

(2) アナルシー(anachie)とはフランス語読みで、日本語では一般的にアナーキーと記される。またアナーキズム(anarchisme)はアナルシズムとフランス語読みするが、無政府状態や統治の不在をさすのが通例であるが、近年デヴィッド・グレーバーらの人類学者から新たな知見が提起されている。アナルシーは、国家なき社会に生きる人びとが持つ自律的空間や国家の暴力に抵抗するローカルな場での実践理念であり、けっして破壊的なカオス状態としての「無政府」を意味しない。

（3） 陳姃湲は「「台湾島史観」から植民地の知を再考する」のなかで、台湾に生を営むすべての民衆の実体験と生活感覚に根ざした歴史叙述の新たな潮流を喚起している。松田利彦編『植民地帝国日本における知と権力』思文閣出版、二〇一九年所収。

参考文献

アバンスール、ミゲル（二〇一九）『国家に抗するデモクラシー』松葉類・山下雄大訳、法政大学出版局
稲賀繁美（二〇一七）「理論としての台湾の可能性」『図書新聞』第三三八九号
稲田敦子（二〇〇〇）『共生思想の先駆的系譜』木魂社
今福龍太（二〇二〇）「遠漂浪《とおざれ》きの魂、震える群島」、立花英裕編『クレオールの想像力』水声社
今福龍太・川満信一（二〇二〇）「アジアのなかの沖縄――往復書簡」『三田文学』第一四〇号
春日直樹（二〇〇四）「私たちは海、私たちは大洋」、小泉潤二・栗本英世編『トランスナショナリティ研究』大阪大学
鹿野政直（一九八七）『戦後沖縄の思想像』朝日新聞社
グレーバー、デヴィッド（二〇二〇）『民主主義の非西洋起源について』片岡大右訳、以文社
呉叡人（二〇一六）「黒潮論」駒込武訳、『思想』第一一一〇号
高祖岩三郎（二〇一八）「アナキズムの臨界点」『福音と世界』一〇月号
新城郁夫（二〇一六）「倫理としての辺野古反基地抵抗運動」『現代思想』第四四巻二号
孫歌（二〇一〇）「沖縄に内在する東アジア戦後史」『アジアのなかで沖縄現代史を考える』沖縄大学地域研究所
鶴見俊輔（一九九一）『方法としてのアナキズム』鶴見俊輔集9、筑摩書房
冨山一郎（二〇一四）「独立を発明する」『沖縄タイムズ』一〇月二三、二四日
野澤秀樹（二〇〇六）「エルゼ・ルクリュの地理学とアナーキズムの思想」『空間・社会・地理思想』第一〇号

ハラウェイ、ダナ（二〇一七）「人新世、資本新世、植民新世、クトゥルー新世」、高橋さきの訳『現代思想』一二月号
プイライドッティ、ロージ（二〇一九）『ポストヒューマン』門林岳史監訳、フィルムアート社
宮城島明（一九七一）「何故 沖縄人《カウナァーンチュ》か」『構造』六月号
森宣雄（二〇一九）「国家に〈しない〉、乗り捨てる」『社会思想史研究』第四三号
森宣雄・冨山一郎・戸邉秀明編（二〇一七）『あま世へ』法政大学出版局
山城博治（二〇一六）「アジアの平和の世紀を沖縄からひらきたい」、栗原彬編『ひとびとの精神史九 震災前後』岩波書店
米原謙（一九九六）「第一次世界大戦と石川三四郎」『阪大法学』第四六巻二号
ルクリュ、エリゼ／石川三四郎（二〇一三）『アナキスト地人論』書肆心水
Hopkins, Antony ed. (2002) *Globarization in World History*, Pimlico.
Moone, Jason (2017) "The Capitalocene, Part I," *The Journal of Peasanr Stuidies*, 44(3).
Reclus, Elisée (1896) *Nouvelle géographie universelle –L' Europe meridionale*, FB editions.

URL

① https://www.ft.com/content/19d90308-6858-11ea-a3c9-1fe6fedcca7（二〇二〇年三月二〇日閲覧）

第5章

戦間期におけるアジア・太平洋広域ネットワークをめぐる官民の相互作用

——「太平洋問題調査会」を事例として——

高光佳絵

はじめに——国際世論と国家をつなぐ非政府組織

ヨーロッパにおいて国境を越えた広域ネットワークは一九世紀半ばから興隆した。ナショナリズムの台頭により政治的には分断されていく中で、それを補完するように拡大していったと言える(Rodogno et al. eds. 2015: 13-15)。一方、一九世紀末には各国で参政権が一定程度拡大し、議会を介して世論が政治に反映する状況が出現し始めた。このような状況は国際政治のあり方にも影響を与え、各国の政治指導者は国際世論を意識せざるを得なくなっていった(田口・鈴木一九九七:一一一二)。

したがって、「国際世論を意識する」ということは一九二〇年代以降ふつうに行われていた。しかし、世論調査がアメリカで実施されるようになったのは一九三〇年代半ば以降であり、それ以前の段階では選挙結果、新聞論調、エリート層の反応などから各国世論を判断するしかなかった(URL①)。さらにそこから国際世論をどう解釈し、いかに対応するべきかは難しい問題であった。

そして、国際政治に関与しようとする人びとは、そもそも国際世論はどのように形成されるのかに関心を持った。その結果、国境を越えた広域ネットワーク、それも非政府組織こそがその形成に大きな影響を及ぼせると考え、国際連盟協会その他の非政府組織に積極的に関与していった(芝崎一九九九：四〇—四七)。

戦間期においては多数者の民意が国際政治に反映するという意味での「民主化」と政治指導者が国際世論を意識することがストレートに結びつくわけではなかった。むしろ、多数者の民意が必ずしも正しいわけではなく国際政治に反映することを抑制する必要があるという点で知識人と政府の両者が一致したからこそ、一部の国際政治に関与しようとする国際的民間団体の活躍の余地があったのである(高光二〇一六a：六九)。

したがって、戦間期における広域ネットワークは、トランスナショナルな性質を持ちつつ、政府の影響力も濃厚であることがヨーロッパにおいても特徴であった(Rodogno et al. eds. 2015: 13-15)。そして、このような広域ネットワークは、アメリカ主導でアジア・太平洋地域にも持ち込まれ、一九二五年には「太平洋問題調査会(The Institute of Pacific Relations: IPR)」が、アジア・太平洋地域の諸問題を論じる民間のフォーラムとして設立された。IPRは、一九三〇年代から四〇年代には、アジア・太平洋を論じる国境を越えたネットワークとして、最も包括的な組織へと発展した。主に研究者、ビジネスマン、キリスト教関係者が個人として参加し、アメリカ、日本、中国、オーストラリア、ニュージーランド、カナダ、イギリス、フィリピン、ソ連、フランス、オランダ、インド、タイなど複数の国・地域に支部(National Council)を設立した上で、中央理事会(Pacific Council)という決定機関、国際事務局(International Secretariat)という運営主体を有する組織であった。主な活動は、一九二五年の第一回ホノルル会議を皮切りとして、一九五八年の第一三回ラホール会議に至るまで数年ごとに開催された民間国際会議(以下、ＩＰＲ会議)と学術雑誌*Pacific Affairs*(月刊)をはじめとする多くの学術的出版物の刊行であった(Hooper 1988)(1)。

本章は、この「太平洋問題調査会」を事例に、戦間期のアジア・太平洋広域ネットワークに官民はそれぞれ何を求め、どのような相互作用が展開したのかを明らかにする。

酒井啓子が提唱する新しい視座である「グローバル関係学」は、関係性の変化によって主体が立ち現れる現象を「新しい危機」の発生メカニズムと捉えている。酒井は、既存の国際関係論が持つ三つの前提が揺らいでいることが現代において新しい分析枠組みを必要としていると主張する。その三つの前提とは、①行為主体の一体性と固定性、②同レベルの行為主体同士の関係を中心に考えること、③さまざまなレベルの非国家主体に対する国家主体の優位性、である(酒井二〇一八：一四)。このうち③は確かに戦間期には揺らいでいなかった。しかし、①、②については戦間期において既に揺らぎ始めていたと言える。

少なくとも理念のレベルでは、行為主体の一体性は前提とされておらず、所属する国家を異にしても、共に普遍的な真理を追究することができるという前提でＩＰＲは発足した。そして、一時的とはいえ戦間期の国家間関係に影響を及ぼす主体たり得たのである。

酒井は、本シリーズの「マニフェスト」において、「「グローバル関係学」は、主体よりもその間で交錯するさまざまな「関係性」を分析することに重きを置く。関係性が双方向、複方向的に交錯し連鎖するなかで出来事が起きると捉え、関係性の網のなかにこそ、澱や瘤のように「主体」が浮き彫りになると考える」と主張している。ＩＰＲの事例はこのような主体の現れ方の先駆と位置づけることができるのではないだろうか。

以下では、ＩＰＲにおける、政府関係者にとっての「非政府性」の意義と、非政府組織当事者にとっての「非政府性」の意義、そしてその両者が交錯する状況を、論じることによって、どのような関係性の変化によってＩＰＲが主体として立ち現れ、また消えていったのかを明らかにしたい。

一　政府関係者にとっての「非政府性」の意義

「太平洋問題調査会」を事例として考えると、戦間期の政府関係者にとって、民間主導の広域ネットワークは自らの政策を実現する間接的な手段として重要な意義を持っていたと言える。ただし、重要な意義を持つと考える政府は、「太平洋問題調査会」が存続した一九二五年から一九六〇年まで次々に入れ替わった。

移民排斥への対抗――日本政府からの期待

最初にＩＰＲに注目した政府は日本であった。一九二五年に最初のＩＰＲ会議が開催されるに至るきっかけとなったのは、自国政府が制定した移民法を正義に悖ると考え、この排日移民法により悪化した日本の国民感情を憂慮し、事態を打開したいと考えたアメリカ人たちであった（片桐二〇〇三：四三―八四)。この動きに日本政府が好意的かつ積極的に応じたのは当然のことであろう(Akami 2002: 77-82)。

一方、米政府はIPRへの関与に及び腰であった。カリフォルニア州など一部の地域に限定されるとは言え、日系移民への排斥運動が盛り上がりを見せるなか、人種差別は科学的に見て不合理だと論じることで問題が解決するとは思えなかったからである(Akami 2002: 53-54, 57)。日系移民排斥問題をめぐって、日本政府はIPRがこの問題を解決に導く主体となることを期待したと解釈しうるが、米政府はそれを望まず、IPRがこの問題で主体として行動する以前にアジア・太平洋地域における注目すべきテーマは移民問題から中国問題へ移行した。

帝国主義的政策への抵抗と懐柔――イギリス、中国、インド

次にIPRの効用に注目したのは英政府であった。地理的にヨーロッパに位置する英本国は、当初、IPRに参加すべき対象とは考えられていなかった。しかし、第一回ホノルル会議が開催されたのは中国において五・三〇事件を発端として反英運動が盛り上がっていた時期であり、移民問題が主たる議題であった同会議においてもイギリスの対中政策に関心が集まった。そのことからイギリスにもIPRへの参加が要請され、一九二七年の第二回ホノルル会議より、王立国際問題研究所が英IPRとして参加するに至った。このIPR会議での英中代表団の交流の成果を基礎として、一九二〇年代末、英政府は対中政策の変更を具体化していったのである(片桐二〇〇三:四二一―四二八)。

もっとも、この英政府の政策変更は、帝国主義的政策の放棄ではなく、抵抗する中国やインドの懐

柔であった(後藤二〇〇六：一〇五―一〇六)。第二回ホノルル会議に英IPR団長として参加したフレデリック・ホワイトはインド立法会議議長などを務めた英自由党の政治家であったが、イギリスの中国ビジネス関係者が費用を負担する形で一九二九―三二年、蔣介石の顧問に就任した。ホワイトはイギリスの中国権益維持のために働いたのであり、一九三四年に日本・中国・満洲の視察を行った際には、蔣介石が対日妥協を決断したと判断し、英国の満洲国承認も視野に入れていた(高光二〇一四a：六六―七〇、高光二〇一六b：四一)。

英政府は、IPRに場としての期待をかけたのであって、主体として立ち現れることには警戒的であった。その姿勢は英IPRも同様であった。赤見が指摘するように、英IPRはIPRにおける決定が各国の国家主権を尊重したものとなることを当然としており(Akami 2002: 133, 223)、トランスナショナルな主体としてIPRが立ち現れることを一貫して望まなかったと言える。

国家間関係改善へのステップとして――オランダ、フランス、中国、ソ連

IPRが強力な主体として立ち現れる兆候が見え始めたのは日中戦争であったが、そこに至る関係性の変化とはどのようなものであったのであろうか。まず、IPRをアメリカと見立てた各国政府の接近が最初のステップであった。そして、このような各国政府の意向がエドワード・カーターIPR国際事務局長をして自身の国際政治への影響力を自覚させたことが第二のステップとなった(高光二〇一四b：一六七)。

戦間期において米政府は、各国政府にとって、公式外交上、接近するのが難しい場合が多かった。

たとえば、一九三〇年代においてアメリカはアジア・太平洋地域において日本を抑制するための重要なパワーだと認識されていたが、アメリカ自身は一貫して日本との戦争のリスクのある行動を一切回避しようとしていた。そのため、蘭領東インドへの日本の進出を恐れるオランダはＩＰＲを通じてアメリカへの接近を図った（高光二〇一四ｂ：一六七）。

フランスも同様であり、インドシナ総督や植民地相を歴任したアルベール・サローが一九三一年に太平洋問題研究委員会（Comité d'études des problèmes du Pacifique）を設立し、この団体が仏ＩＰＲとなった。一九三三年の第五回バンフ会議に参加するが、そのための財政支援を仏外務省に要請するような団体であった。さらに、サロー自身、いずれも暫定政権とは言え一九三三年一〇月二六日－一一月二三日、三六年一月四日－六月四日の二度にわたり首相を務めた後、第六回ヨセミテ会議に団長として参加した。このときワシントンでローズヴェルト大統領とも会談し、仏外務省に報告書を提出している（Anderson 2009: 52-53）。

さらに、中国政府、英政府も対米接近の手段として積極的にＩＰＲを利用しようとした（家近二〇一七、高光二〇一六ａ：七〇、Parmar 2004）。

一方、ソ連の事例は積極的な関係の構築を目指すというよりは、悪化する関係を何とか維持するための補完的役割を期待するものであった。後述のようにＩＰＲは設立時よりソ連の加盟を強く望んでいたが、ソ連側はＩＰＲにさほど関心を持たなかった。それにもかかわらず、一九三四年にソ連支部が設立され、三六年ヨセミテ会議に初めて正式な代表を送ることになったのは、一九三三年一一月の国家承認を頂点として悪化する一方であった米ソ関係のさらなる悪化に歯止めをかけるためであった。

そして、この会議を通じて日本以外の関係諸国に対してソ連のアジア・太平洋における平和的意図をアピールしつつ、日本に対しては慎重に振る舞い、自らのリスクを回避しつつ対日抑止の包囲網の形成を期待したのである(高光二〇一七：八―一三)。

政府内対立勢力への対抗手段として――アメリカ

しかし、各国がＩＰＲが主体として行動することに期待し、カーターがその期待を資源にトランスナショナルな主体として行動しようと決意しただけでは、ＩＰＲが主体として立ち現われるには十分ではなかった。戦間期のアジア・太平洋地域において潜在的に最大の影響力を持っていた米政府との関係性の変化が十分条件として必要とされた。

前述のように、米政府は設立当初のＩＰＲとは意識して距離を置いていた。その姿勢に変化が見られたのは一九三九年になってからであった(高光二〇一四ｂ：一七八―一八〇)。それはＩＰＲのネットワークを、米政府内の対立勢力への対抗手段として利用することから始まった。

対日経済制裁をめぐって米政府内では一九三〇年代末から対立が生じていたが、駐日大使館は対日経済制裁に反対しており、このルートから対日経済制裁実施を正当化する情報がもたらされることは期待できない状況があった。そこで、ウェルズ国務次官やホーンベック国務省極東部長ら対日経済制裁支持派は日本を訪問する予定のカーターにこの件に関する情報収集を依頼した(高光二〇一四ｂ：一七八―一八四)。

また、対ソ政策においてもローズヴェルト大統領と国務省のロシア専門家の間には一九三〇年代を通じて対立があり、公式外交のネットワークからは一貫して大統領の対ソ関係改善に積極的な姿勢を正当化しない情報が主としてもたらされていた。カーターの訪ソにはこのような公式ルートに対抗する情報収集が期待されたのである（高光二〇一四b：一八九－一九三、高光二〇一七：一二三－一二四）。

さらに、第二次世界大戦が勃発し、真珠湾攻撃によりアメリカが参戦すると、よく知られているようにＩＰＲ関係者の多くが政府の要職に就任した（油井一九八九：一四八－一六五）。そして、一九四二年の第八回モン・トランブラン会議においてインド支部のあり方をめぐって英米ＩＰＲが鋭く対立し、ＩＰＲ会議が帝国を擁するヨーロッパ諸国にとって居心地の悪い場となり始めた頃、ＩＰＲは強力な主体として立ち現れたと言える。英国ＩＰＲ、オランダＩＰＲ、フランスＩＰＲは、ＩＰＲ会議で植民地政策を批判されることに強い不満を覚えながらも連合国としての結束の観点からＩＰＲから離脱するという動きを取れない状況に至っていたのである（Anderson 2009: 77）。

このように日中戦争勃発前後から第二次世界大戦中を通じてトランスナショナルな主体として立ち現れたＩＰＲであったが、第二次世界大戦が終わると再び諸政府との関係性の変化に見舞われた。前述のように、既に大戦中から英政府、オランダ政府、仏政府、そしてそれぞれの地域のＩＰＲはＩＰＲ国際事務局およびカーター国際事務局長に批判的になっていたが、大戦が終結するとその批判を公にしない理由も、無理にＩＰＲにとどまる必要もなくなった。一九四五年秋、訪欧したカーターは、欧州のＩＰＲメンバーの彼とＩＰＲの現状への強い批判を受け、自ら辞任を選ばざるを得なくなった（Anderson 2009: 107-113）。

さらに、一九五〇年代初めにアメリカで吹き荒れたマッカーシズムは、複数のＩＰＲ関係者を共産主義に親和的な人物だとして困難な立場に追いやり、ＩＰＲ自体も資金源であったロックフェラー財団その他からの資金供給を断たれることになった。その結果、一九五八年の第一三回ラホール会議を最後のＩＰＲ会議として、一九六〇年に解散した(Thomas 1974)。

二　非政府組織当事者にとっての「非政府性」の意義

政府間関係では成立しない枠組みの追求

戦間期において国際政治に関心を持っていた非政府組織当事者の多くは当該組織の「非政府性」を強調した。それは「非政府」であるからこそできることがあると考えていたからである。「非政府」であるからこそできることの一つとして、政府間関係では成立しない、あるいはしにくい枠組みを模索しうることが挙げられる。

例えば、一九二〇年代において植民地であった朝鮮やフィリピンを対等なアクターとして迎えることは政府間関係ではあり得なかったが、非政府組織であれば当事者間に合意があれば不可能ではなかった。実際、朝鮮に関しては日本支部の理解が得られなかったものの、フィリピンに関してはアメリカ支部が理解を示し、フィリピンは支部の設立を認められた。逆に北ボルネオと蘭領東インドは植民地側が支部として参加することを強くは主張せず、宗主国を通じてＩＰＲに参加することとなった。ＩＰＲは相対的に見れば、植民地からの参加者をある程度対等なアクターとして迎え入れ、場を共有していたと言える(Akami 2002: 142-144)。

また、政府間では実現しにくい枠組みとしてIPRが設立当初から追求していたものとして「ソ連を包含しつつソ連主導ではない」アジア・太平洋の地域枠組みというものがあった。英米両IPRは、コミンテルン的なものではない、このような多国間枠組みを強く欲していた。それがIPRがソ連支部設立に早い段階からきわめて積極的であった理由であり、一方、プロフィンテルン(コミンテルンの指導の下に創設された赤色労働組合インターナショナル)によりソ連主導のアジア・太平洋ネットワークを考えていたソ連がIPRという枠組みに積極的な価値を見いだささなかった理由でもあった(高光二〇一七：四―七)。

さらに、国際連盟脱退以降の日本もアジアに国際連盟とは異なる多国間枠組みを創設しようとして、そのための基盤をIPRに求めた。一九三三年の第五回バンフ会議では、満洲国の参加が模索されただけでなく、ソ連、アメリカ、日本を擁する新しい地域安全保障枠組みが日本支部によって提案された。この三カ国はアジア・太平洋地域に重大な影響力を持つ大国でありながら国際連盟に加盟していなかったからである。この真空を埋め、なおかつ日本に都合のよい枠組みが模索されたのである(高光二〇一四a)。もっとも、日本外務省は、一九三四年一月の時点でこそ、連盟を脱退したからこその柔軟な対応を示したものの、五月の時点で重光葵次官はすべての多国間枠組みを拒否するに至ったという指摘もある(帯谷二〇一九：一二二)。

国家承認へのステップとして――朝鮮、日本、中国、タイ、インド

現実の公的国際関係に異議があり、非政府組織のレベルで自らにとってあるべき関係をまず実現す

ることでそれを公的関係での現状変更に結びつけようとする際、政府関係者にとっても、非政府組織関係者にとっても、広域ネットワークの「非政府性」は大きな魅力となった。

前述のように、IPRという組織は、中央理事会、国際事務局、支部から構成されていた。国境を越えたネットワークが形成される際、民間団体ではあっても国家の単位で形成される支部を束ねる形となることは現在でもそれほど特別なことではないであろう。国際社会が主権国家体系を基軸としている以上、それが民間団体のあり方に無意識に反映することは避けられない。この形式上の類似を利用して国家承認へのステップとしようとした事例がIPRにおいて、政府の側からも、非政府組織の側からも複数生じたのである。

IPRは民間団体であるので、同組織の中で支部として認められたからといって必ずしも国家間関係に影響するものではない。しかし、現在、米アップル社の地図アプリが、ロシアが二〇一四年に強制編入したウクライナ・クリミア半島をロシア領とする表示を同年一一月三〇日までに開始し、ウクライナが反発する騒ぎとなっているように(URL②)、民間団体による一方的な国境変更の承認はその既成事実化を促進し、国家間関係における承認へとつながる実践であると当時から理解されていた。

まず最初に問題となったのが朝鮮の事例である。IPRが第一回会議を開催する際にYMCAのネットワークを利用したこともあり、IPR会議には朝鮮やフィリピンといった当時の植民地からの参加者もあった。そして、朝鮮からの参加者たちは次第に日本支部のローカル・グループとしてではなく、朝鮮支部として参加することを求めるようになった(片桐二〇〇三：三七一−四〇六)。ここで問題となっているのは、IPRに朝鮮からの参加者が参加できるかどうかではなく、どのようなステータスがそのグループに与えられるかであった。そのグループの構成員の属する地域が主権国家であることが支部として認められる要件であるかどうかは、「支部」の原語が「ナショナル・カウンシル(national council)」であり、「国家」を強く意識させる名称でありながら、IPRが民間団体であるが故にその運用は比較的融通の利く問題であった。むしろ、そのような問題を精査することは回避して、事実上、さまざまな立場の人々が集まる場とすることをよしとする雰囲気も確かに存在した。しかし、当事者である朝鮮からの参加者たちと日本支部は、双方とも明確化を望んだ。朝鮮からの参加者たちは支部として承認されることに拘り、その裏返しとして日本支部は承認しないことに固執したのである(高光二〇一九:四—五)。

IPRにおけるグループのステータスをめぐる駆け引きは、「満洲国」をめぐって再燃する。一九三三年三月、武藤信義関東軍司令官兼駐満洲国大使が内田康哉外相に電報を送り、満洲国に第五回IPR会議への参加を検討させていると伝えたことに始まるIPRによる満洲国「承認」構想(片桐二〇〇三:四〇七—四二〇)は、陸軍皇道派と日本IPRの協力の下で推進された(高光二〇一四a:七〇—八二、二〇一六a:六三)。満洲国の民間団体による「承認」構想はIPR以外でもさまざまな団体によって同時期に試みられており、国際通信社(AP、ロイター)、国際赤十字委員会、極東選手権などがその事例として挙げられる(高光二〇一九:五—七)。このうち、国際通信社の事例は日本IPR理事の岩永裕吉日本連合通信社専務によるものであり、APをアメリカに、ロイターを英国にそれぞれ見立てての試みであり、IPRの場合は国際連盟的なものと見立てての試みであったと推察される。

同様の事例は、蔣介石が中国IPRを通じて金九の大韓民国臨時政府、自由タイの国家承認を求めた事例でも確認できる。家近によれば、大韓民国臨時政府は、中国国内を転々とした末に重慶に落ち着き、蔣介石の支援を受けていた。太平洋戦争が勃発すると、大韓民国臨時政府は日本に宣戦布告をし、中国の支援を得てアメリカ・イギリス・ソ連から承認を受けようと積極的に活動した。その一環で、蔣介石は、一九四二年一二月に開催された第八回IPRモン・トランブラン会議に朝鮮代表団を参加させ、「自由泰」の代表もオブザーバーとして参加させた。そして、蔣の意向を強く受けた中国IPRは同会議で植民地の自由と独立を強硬に主張した(家近二〇一七：九七–九九)。

一方、インド代表もモン・トランブラン会議に参加した。インド支部が、初めて正式な代表をIPR会議に送ったのがこの会議であったが、インド代表をどのような顔ぶれにするかをめぐってホストであるカナダIPRは頭を悩ませた(2)。英米両IPRの意見の相違があまりにも大きかったからである。カーターは、一九三〇年代半ばからインド支部設立の可能性を探っていた。インドに最初に設立された国際関係の研究機関は、王立国際問題研究所の支援で一九三四年に設立されたインド国際問題研究所(IIIA)であった。しかし、IIIAは英国政府に迎合的な人物が主流であり、カーターには真にインドを代表する組織であるとは思えなかったため、その後も新たな団体の設立を模索し、一九四三年にインド世界問題評議会(the Indian Council of World Affairs)の設立を支援した(Anderson 2009：69–80)。

このインドの事例は、当初、国家としての「承認」を求めるというのとはやや異なる文脈であった。しかし、国家の将来像をめぐってIPRインド支部のあり方が争われたという意味で類似の事例である。誰がIPRにおいてインドを代表するのかが大きな問題であったのである。

国際政治における「科学」と客観性・中立性

ＩＰＲにおいても「科学」的であることは重視された。移民排斥問題を解決するために、「科学」的な態度を強調し、「科学」的な根拠を欠く偏見によってアジア系移民を排斥しようとする運動に対抗しようとしていた(Akami 2002: 57)。自国政府の不正義に対する彼らのこのような姿勢は賞賛に値するが、それゆえに問題解決に貢献したかどうかは別の問題である。シドニー・ギューリックらの活動は排斥派を却って頑な態度に追い込み、排日移民問題を解決することはできなかったのである(Hirobe 2001: 67–79)。

この時代の雰囲気でもあった「科学」重視は、「科学」への過信を伴っていた。人間集団の相互作用を「科学」を用いて自然科学的な唯一の真理を基準に解決しうるという考えは自らの主観が彼らの活動に与える影響を直視することを難しくする側面があった。

たとえば、日中戦争の原因を明らかにしてその解決をめざした共同研究であるインクワイアリー・プロジェクトは、最終的に「中立ではないが客観的」と位置づけられるものに落ち着いたが(佐々木一九九五)、日本支部の激しい抵抗によりそこに落ち着いたという側面も無視することはできない。カーターは中国政府が立ち上げに関わり、資金を出して活動を支援していた「日本の侵略に加担しないアメリカ委員会」というアメリカの民間団体にも関与しており、中国側のプロパガンダが無批判に取り込まれる危険性もあった(高光二〇一六ａ：六四―六七)。

日中戦争の勃発と同時にＩＰＲ国際事務局は各支部の合議を意図的に回避し(Akami 2002: 223)、トランスナショナルな主体へと変化を遂げた。これは必ずしもＩＰＲの総意であったとは言えず、ＩＰＲそのものというよりは国際事務局が主体化したと言える現象であった。本部の移転先を明確にしなかったことがカーター国際事務局長への情報の集中を生み、彼の野心と相まって国際事務局は決定の主体への道を歩くことになった（高光二〇一四ａ：八〇）。彼は、異なる国家に所属しつつ、共に普遍的な真理を追求することを求めており、アメリカ国籍を取得することを考えていた側近のウィリアム・ホランドにニュージーランド国籍を維持するように促した。しかし、カーターの考える「普遍性」は多分に主観的なものであった。そのため、ＩＰＲはトランスナショナルな主体であることを標榜しながら、アメリカ政府の対日強硬派と歩調を合わせることになったし、中国のプロパガンダに相対的に寛容であった。日本側のプロパガンダは当事者が意図した日本の「真意」を世界に理解させるという意味では成功しなかったが、中国側のプロパガンダをＩＰＲが過剰に取り込まないように導いたという点では皮肉にもＩＰＲが客観性を保つことに貢献したとも言えよう。

ＩＰＲが自らの「非政府性」とともに客観性・中立性を強調したのは、彼らが国際政治への影響力を持とうとしており、そのための正統性をそこに求めたからであるという解釈も可能であろう。政治に関与する際の正統性としては、政党政治のように選挙というプロセスを経て民主的な正統性を獲得するのが一つのあり方であったであろう。しかし、彼らは政党政治に批判的であり、超党派であることをめざした。そして、普遍的な存在をめざしたがゆえに、トランスナショナル・ネットワークであることにも拘ったのである。

しかし、当事者によって「非政府性」の強調は繰り返し行われる一方で、その実、彼らの行動規範における「非政府性」はそれほど厳密であったとは言いがたい。たとえば、ＩＰＲ創設時において国際事務局長を務めていたマール・デーヴィスは諸政府からの支援を積極的に得ようとしていた（Akami 2002: 79）。また、米ＩＰＲ幹事から一九三三年の第五回バンフ会議で国際事務局長に就任したカーターも米政府を含む各国政府との関係強化に努め、自身の影響力の源泉とした。資金を政府に依存しないという方針もアメリカ以外ではそれほど重視されることはなく、満洲事変以降でさえ日本ＩＰＲの資金集めに配慮して満洲国の加盟を模索する日本政府と日本ＩＰＲに対して正面から異論を唱えなかった（高光二〇一六ａ：六四）。さらに、政府との関係についてもそれほど厳密に考えていたとは言えない。ソ連における支部設立に際して、その母体となった全ソ文化交流協会、地理協会、世界経済・世界政策研究所などがソ連政府から独立した研究機関であるはずがないこと、そのような研究機関がソ連において存在し得ないことは当時もわかっていたはずである（高光二〇一七：六一―一二）。

むしろ、アメリカの場合は政府側に属する人物の方がよほどＩＰＲの「非政府性」を保つことに神経をとがらせていた。なぜなら、ＩＰＲを米政府にとって有用なものとしようとすれば逆説的ではあるが「アメリカの組織であり、アメリカの目的を遂行するために操作されている組織だと疑われる」危険を避ける必要があったからである（高光二〇一四ｂ：一六七―一七二）。前述のようにカーターは真にインドを代表する人物が必要であると考え、新しいインドの団体設立を模索した。しかし、民間団体の支部とは一体何を代表するものなのか。インド以外の支部がその地域を真に代表しているかどうかも実際には判断のしようがなかった。彼自身がアメリカを代表しているかどうかも判断のしようがないことであり、ホーンベックはＩＰＲ会議の際に各国からの出席者を「代表団（delegates or representatives)」とＩＰＲ関係者が呼ぶことのナイーヴさを批判している（高光二〇一一：二一八）。

おわりに

ＩＰＲは、アジア・太平洋地域の国際政治に関心を持つ民間人が設立し、影響力を行使する正統性を求めて客観的で中立的な存在であることを標榜した。一方、各国政府はＩＰＲという広域ネットワーク、非政府組織を通じて責任を負わずに影響力を行使したり、反対勢力の抵抗を減じたりすることをめざしていた。但し、多くの政府にとってその政策に資する形でＩＰＲがトランスナショナルな主体として立ち現われたわけではなかった。また、諸政府は常にＩＰＲがトランスナショナルな主体として立ち現れることを望んだわけでもなかった。

たとえば、日本政府の場合、初期にはＩＰＲがトランスナショナルな主体として立ち現れ日系移民排斥問題を解決してくれることを期待したものの、一九二九年の第三回京都会議時点ではＩＰＲに非政治的な場であることを望み、一九三三年には再びＩＰＲを自国に都合のよい第二の国際連盟となることを望んだものの果たせず、その後は逆に対日強硬政策をめざすトランスナショナルな主体として立ち現れ始めたＩＰＲの力を削ぐことに懸命になるというオポチュニストぶりを発揮した。

戦間期において国家主体の優位は揺らいでいなかったが、非政府組織の有用性は十分に認識されており、それゆえに両者の関係性の変化がＩＰＲという非政府組織を国家間関係に一時的に大きな影響を与える存在とするような現象が起き、日本政府はそれに振り回されたのである。

ＩＰＲがどのような状況で国際政治を動かす主体として立ち現れたかというと、①アメリカの参戦を望む英・仏・蘭政府や中国政府が公式には接近しにくい米政府の代わりにＩＰＲに期待し、米政府がその枠組みを活用しようとしたとき、②米政府の政策に沿った情報や人的ネットワークを提供できたとき、であった。

そして、第二次世界大戦後にＩＰＲが力を失っていった背景には、英国政府、フランス政府、オランダ政府、およびその地域のＩＰＲが、ＩＰＲが主体として立ち現れる核となった国際事務局とカーター国際事務局長に批判的となるなか、冷戦により米政府の政策が変化し、マッカーシズムにより米政府との関係が変化したことにあった。

戦間期において関係性の変化から主体が立ち現れるというとき、アメリカのような大国がその関係性の変化に関わることがやはり必須であったかのように見える。アメリカ以外の政府も折々に、ＩＰＲが主体として確立することを望んだが、それだけで関係性の変化を引き起こせたわけではなかった。それは国家主体の優位性が揺らいではいなかった時代における非政府組織の広域ネットワークの限界であったと言える。

注

（1）　先行研究については、高光（二〇一四ｂ）を参照のこと。

（2）　Memo to Members of Canadian Group at Mont Tremblant Conference by Tarr, 2837-40, RG 25_2929, Library and Archives Canada.

参考文献

家近亮子(二〇一七)「蔣介石による戦時外交の展開――中国IPRへの領導と中華の復興・領土回復の模索」『軍事史学』第五三巻二号

帯谷俊輔(二〇一九)『国際連盟――国際機構の普遍性と地域性』東京大学出版会

片桐庸夫(二〇〇三)『太平洋問題調査会の研究』慶應義塾大学出版会

後藤春美(二〇〇六)『上海をめぐる日英関係一九二五―一九三二年――日英同盟後の協調と対抗』東京大学出版会

酒井啓子(二〇一八)「「グローバル関係学」試論――「グローバル危機」分析のための「関係学」を模索する」『新学術領域研究「グローバル関係学」オンライン・ペーパー・シリーズ』No. 1

佐々木豊(一九九五)「太平洋問題調査会とアメリカ知識人――「調査シリーズ」の「非党派的客観性」を巡る論争(1937-1939)を中心に」『アメリカ研究』第二九号

芝崎厚士(一九九九)『近代日本と国際文化交流――国際文化振興会の創設と展開』有信堂

高光佳絵(二〇一二)「ホーンベックの非政府組織への期待と初期太平洋問題調査会(IPR)」、杉田米行編『一九二〇年代の日本と国際関係』春風社

高光佳絵(二〇一四a)「国際主義知識人のトランスナショナル・ネットワークと満洲問題――太平洋問題調査会(IPR)における中国をめぐる日米英関係」『史学雑誌』第一二三編一一号

高光佳絵(二〇一四b)「戦間期アジア・太平洋秩序と国際的民間団体――アメリカ政府の'political missionary'」、北岡伸一監修、川島真編『近代中国をめぐる国際政治』中央公論新社

高光佳絵(二〇一六a)「戦間期の民間外交と国際政治の民主化――国際世論をめぐる攻防における知識人と国家」『歴史評論』第七八九号

高光佳絵(二〇一六b)「松本重治の民間国際交流と国家間関係」、早稲田大学アジア太平洋研究センター『太平洋問題調査会(IPR)とその群像』(WIAPSリサーチ・シリーズ No. 6)

高光佳絵(二〇一七)「「太平洋問題調査会」ソ連支部の設立と米ソ関係」『渋沢研究』第二九号
高光佳絵(二〇一九)「戦間期カナダ外交における「太平洋問題調査会」についての予備的考察——満洲国バンフ会議参加問題を中心に」『アジア太平洋討究』第三五号
田口富久治・鈴木一人(一九九七)『グローバリゼーションと国民国家』青木書店
油井大三郎(一九八九)『未完の占領改革——アメリカ知識人と捨てられた日本民主化構想』東京大学出版会

Akami, Tomoko (2002) *Internationalizing the Pacific: The United States, Japan and the Institute of Pacific Relations in War and Peace, 1919-45*, Routledge.
Anderson, Michael Richard (2009) *Pacific Dreams: The Institute of Pacific Relations and the Struggle for the Mind of Asia*, PhD Thesis, The University of Texas at Austin.
Hirobe, Izumi (2001) *Japanese Pride, American Prejudice: Modifying the Exclusion Clause of the 1924 Immigration Act*, Stanford University Press.
Hooper, Paul F. (1988) "The Institute of Pacific Relations and the Origins of Asian and Pacific Studies," *Pacific Affairs*, 61(1).
Parmar, Inderjeet (2004) *Think Tanks and Power in Foreign Policy: A Comparative Study of the Role and Influence of the Council on Foreign Relations and Royal Institute of International Affairs, 1939-1945*, Palgrave Macmillan.
Rodogno, Davide, Bernhard Struck and Jakob Vogel eds. (2015) *Shaping the Transnational Sphere: Experts, Networks and Issues from the 1840s to the 1930s*, Berghahn.
Thomas, John N. (1974) *The Institute of Pacific Relations: Asian Scholars and American Politics*, University of Washington Press.

URL

① Opinion research, ENCYCLOPÆDIA BRITANNICA https://www.britannica.com/topic/public-opinion/Opinion-research#ref397916（二〇一九年一二月一日閲覧）

② https://www.cnn.co.jp/tech/35146179.html（二〇一九年一二月一日閲覧）

III

辺境からグローバルへ

第6章 トランスナショナルな運動の成功と国際的規範の揺らぎ——ラテンアメリカ先住民の事例

宮地隆廣

はじめに

国連によれば、世界総人口の約五%にあたる三億七〇〇〇万人が先住民(indigenous people)である。先住民という概念は、それが「先に住む民」であることからわかる通り、居住の順番に着目して人間を区分する。ある土地に外来の者が住む植民という行為によって、植民前から住んでいたとされる人々が先住民となる。一般に、植民地では入植者が先住民より優位に立ち、先住民は土地を奪われ、一方的に重い租税や労働の負担を課され、劣った文化を持つ者として差別されるなどの扱いを受ける。この影響は植民地支配が終わった後も残り、先住民への差別は未だに解決されていない(UN 2009)。

この状況に対し、国際組織は先住民の権利保障の明文化を試みてきた。その重要な成果とされるのが二〇〇七年の「先住民族の権利に関する国際連合宣言」(国連先住民宣言)であり、先住民と非先住民の平等の追求と、先住民の文化的差異の尊重が確認された。近年、こうした規範確立の効果について議論がなされている。主権を持つ各国政府は強制力のない規範を無視しているとの指摘がある一方(John and Sambo 2016)、政府は自らの政策を正当化する上で国際的規範に言及せざるを得ず、そこから逸脱するのは困難であるとの主張もある(Lightfoot 2016)。また、規範が効果を持つ条件に着目する議論もある。例えば、国内外の公的・私的組織の連携拡大が政府の規範順守を促すとの主張が有力視されており、現在の先住民関連の国連組織もその方針に従いつつある(UN 2019)。

本章はラテンアメリカを事例に取り上げ、規範確立の効果を問う以前に、規範確立自体がその実現を難しくするという逆説にこそ目を向けるべきであることを唱える。先住民の権利保障を明文化できたのはそれを求めるトランスナショナルかつローカルな運動の成功による。ところが、運動の成功は同時に先住民の政治的地位を多様化させ、その結果、先住民の一体性を崩してしまうのである。

この主張は現象を関係で捉えるという本シリーズ全体のアプローチに根ざしている。先述の通り、先住民とは入植を背景にした概念であるが、その指示対象が誰かを理解するには関係に着目する必要がある。ラテンアメリカを例に挙げれば、主たる入植者である白人と先住民の混血が進んだ結果、生物学的に白人と先住民を二分することはもはや不可能である。このため、ラテンアメリカ諸国のセンサスでは先住民人口を把握するために「あなたは先住民ですか」と問うことが一般的であるが、この質問に同じ人が常に同じ回答を返す保証はない。先住民イコール劣等な人間という植民地的観念を内面化していれば「いいえ」と答え、文化的多様性が尊重される昨今の言説の影響で先住民とのつながりを誇りに感じれば「はい」と答えるだろう。つまり、先住民が社会の中で置かれている関係に応じて、先住民の指示対象は流動的に変化してしまうのである。実際、二〇年を超える国連先住民宣言の準備過程においても、差別意識という当事者の主観が先住民のアイデンティティを持つか否かに影響を与えるため、先住民を客観的に定義することは不可能であるとの結論に達している（Morgan 2011：55-61）。

先住民という概念の内実は先住民と先住民を取り巻く人々との関係に左右される。そうであるならば、国際的規範の確立に至るほどに運動を成功させた先住民は、その成功以前の先住民と同じ存在であると考えることはできないのではないか。これが本章の問題意識である。

本章の分析対象はラテンアメリカ・カリブ先住民開発基金（Fondo para el Desarrollo de los Pueblos Indígenas de América Latina y el Caribe：FILAC）である。国連が設立文書を管理する国際組織の中で（ＵＲＬ①）、ＦＩＬＡＣは先住民に特化した唯一のものである。ＦＩＬＡＣはその名の通り、参加国拠出金等をもとにラテンアメリカ先住民の地位向上を図る事業を行う。

本章の構成は次の通りである。第一節では、先住民の権利保障が国際的規範として確立される過程を示しつつ、ＦＩＬＡＣ設立の背景を説明する。第二節では、ＦＩＬＡＣの活動を概観し、先住民に有利な公共政策の実現というＦＩＬＡＣ特有の事業が後退していることを明らかにする。そして第三節では、この後退の原因はラテンアメリカ先住民のトランスナショナルかつローカルな運動の成功の産物であることを論じる。最後に全体の議論をまとめ、その含意を示す。

一　先住民権利保障の国際規範化とＦＩＬＡＣ

国連における先住民問題の浸透

最初の国際的な先住民運動は、カナダ先住民ホデノショニ(Haudenosaunee)が一九二〇年代に展開した活動であると言われている。ホデノショニは自らの慣習に従って生きる権利を政府に訴える場として国際連盟を選び、そこで発言する機会を得られるよう外国政府に支援を求めた。その後、国際連盟の関連機関である国際労働機関(International Labour Organization:ILO)が労働者の権利に関連づけて先住民を扱うようになったが、他の国際組織への反響はほぼ皆無であった。主な理由は、先住民の求める自決(self-determination)の権利が分離独立を意味するものとして各国政府から否定的に扱われてきたことにある(UN 2009: 2; Morgan 2011: 7, 62, 93)。

国際的な先住民運動の本格的発展は第二次世界大戦終了後に見られた。これは、国連が先住民の権利規範を司る組織となる過程と、先住民運動が組織を固める過程が合流した結果として理解できる。

国連で先住民を集中的に扱ったのは社会経済理事会である。主な論点は、国連総会が一九四八年に採択した世界人権宣言や六六年に採択したいわゆる国際人権規約が先住民らマイノリティにも適用されているかを調査する必要性に関するものであった。対象国の内政に深刻な影響を与えるなどの懸念から、調査には長年合意が得られなかったが、その必要を強く訴える関係者の粘り強い提案の結果、同理事会は七一年に調査実施を決定した。その結果をまとめた報告書は八二年より発表が始まり、責任者の名を取って後にコボ・レポート(Cobo report)と呼ばれることになった(Morgan 2011: 68-71)。

コボ・レポートやそれに先立つ実態調査を提案した者は、国連加盟国政府のみならず、調査対象となる人々に直接コンタクトを取った。特に、コボ・レポートは政府よりも先住民から直接得た情報を重視して作成された(Brysk 2000：128–129；Lightfoot 2016：38–41)。政府が主導する国連という組織にあって、政府が迂回されたことは特筆すべきことであった。

一方、国連の実態調査が始まるまでに、先住民側も国連のアプローチを受け止める準備を整えつつあった。石油や木材などの資源開発を主な理由として、各国政府や企業が農村部に広がる先住民テリトリーに踏み込むことが増えると、それを問題視する組織が世界各地で立ち上がった。これは先住民自身によるローカルな組織のみならず、「カルチュラル・サバイバル(Cultural Survival)」のように人類学者が主導する国際NGOの結成も含む(Brysk 2000：18；Morgan 2011：63–65)。

国際NGOの情報発信は、世界各地の先住民が共通した課題に直面していることを確認させ、国を超えた先住民の連帯を生み出した。その中心にあったのは公民権運動の影響を受けたアメリカとカナダの組織であり、異議申し立ての場を自国政府から国連へと広げた。一九七四年にはカナダの団体が先住民組織としては初めて、非国家組織に国連への参加を認める諮問資格(consultative status)を獲得した(Lightfoot 2016：36–39)。

コボ・レポートは国連に対し先住民の権利と自由に関する宣言を準備するよう勧告しており、これを受けて一九八二年に宣言準備のワーキンググループが組織され、九四年に草案が完成した。また、ILOも八六年に先住民の権利に関する専門家委員会を立ち上げ、八九年にその権利保障を謳う第一六九号条約を定めた。条約の作成過程における先住民の参加は乏しかったとされるが、後に世界各国の先住民組織は自らの要求を正当化する根拠として条約を頻繁に用いた(Morgan 2011：66–67, 110–112；Lightfoot 2016：48–56)。

一九九〇年代以後、先住民の権利に関する規範化は著しく進んだ。国連は九五年に「世界の先住民族の国際の一〇年(International Decade of the World's Indigenous People)」を定め、先住民問題の重要性を世界に提起するとともに、二〇〇〇年には社会経済理事会内に「先住民族問題に関する常設フォーラム(Permanent Forum on Indigenous Issues)」を設け、先住民問題を扱う組織が国連内に正式に設けられた。先述の国連先住民宣言の採択もまた、こうした発展を土台にして実現した(UN 2009: 3-7; Morgan 2011: 114-116)。

規範化を推進する上で、先住民は一方的に権利を唱えるのではなく、漸進的に権利を拡張する姿勢を取り、政府との合意を積み上げた。例えば、国連先住民宣言第四六条には、先住民の自決権が国家主権を損ねるものではないと明記されている。これは、各国政府の合意を引き出すために、先住民側が自決権を絶対の要求とはしないという妥協をした結果であるとされる(Lightfoot 2016)。

ラテンアメリカにおける先住民問題の高まりとＦＩＬＡＣ

ラテンアメリカは総人口の約八%にあたる四五〇〇万人が先住民であるとされる。かつてスペインなどヨーロッパ諸国の植民地であった歴史は今日の社会にも影を落としており、白人系住民が上層に、先住民が下層にあるという社会経済構造が今なお残っている。この状況を覆そうとする運動は、前段で述べた先住民問題に対する国際的な関心の高まりに後押しされつつ、発展を遂げた。

現在につながる各国先住民の運動は、二〇世紀前半に自治権を獲得したパナマの一部先住民の場合を除き、一九七〇年代に本格化した。運動の主な組織者は人類学者や革新的な思想を持つカトリック教会の関係者であったが、農民運動の活動家が自らの先住民性を強調するようになり、農民組合を先住民組織に転化することも見られた。八〇年代に各国の政治体制の民主化が進むと運動も活発になり、そのレパートリーは抗議行動や政府への陳情、政党を通じた政権獲得など多様であった。その背後には、先述のトランスナショナルな先住民運動のネットワークがあり、国連や国際ＮＧＯは先住民組織に資金や情報を提供するなど積極的に協力した(宮地二〇一四)。

先住民がラテンアメリカ政治のイシューとして強く意識される契機となったのが、コロンブスのアメリカ大陸上陸五〇〇周年にあたる一九九二年の到来であった。ラテンアメリカ各国の政府はそれを祝賀する行事を計画したが、先住民組織はこれに強く反発した。コロンブス到来こそ先住民差別の起源であるとして、「先住民抵抗の五〇〇年」をスローガンにラテンアメリカ地域内外の組織が歩調を合わせて抗議を行った(Brysk 2000: 102–104)。

先住民に対するこうした関心の高まりの中で、本章で検討されるＦＩＬＡＣは結成された。先住民向けの開発援助が拡大傾向にあった一九八〇年代に、援助事業を先住民自身が運営できるよう求める提案がボリビアの先住民組織から出され、九一年の第一回イベロアメリカサミットにて検討された。サミットの構成国であるスペイン、ポルトガル、そしてラテンアメリカ諸国の首脳は九二年の到来を意識して、この提案の具体化に合意した。その際、先住民の地位改善には、農業支援に代表されるような経済力向上のみならず、政治的権利の保障や文化の振興まで含めた多角的なアプローチが必要であることが確認された。その後、サミット参加国の代表者からなる組織準備チームが編成され、九二年の第二回サミットにてＦＩＬＡＣは正式に発足した(Oliva 2003: 36–119)。

「先住民抵抗の五〇〇年」キャンペーン以後、いくつかの国では先住民組織が国内政治で成功を収めた。人口の三割程度が先住民とされるエクアドルでは、九四年の国政選挙にて先住民運動組織を主な基盤とする政党が大幅に議席を伸ばし、二〇〇二年には連立与党を組むに至った。人口の過半数が先住民であるボリビアでも、先住民組織を主な母体とする政党が躍進し、二〇〇五、〇九、一四年の大統領選では先住民であるエボ・モラレス(Evo Morales)がいずれも過半数の得票で勝利した。

二　FILACの事業の変遷

FILACの概要

FILACの全体像を同組織のウェブサイト(URL②)をもとに示す。現在の参加国はラテンアメリカ二一カ国とスペインであり、その大半が発足から五年以内に参加した。FILACは参加国の拠出金とその運用益、そして米州開発銀行などの国際機関やヨーロッパ諸国政府の援助資金を主な財源として活動を行う。

FILACには先住民関連の他の国際組織にはない特徴がある。第一に、最高意思決定機関である総会では、参加国の政府代表と先住民代表が同数の議席を持つ同等参加(participación paritaria)が原則である。先住民問題に関するNGOや国連の先住民関連機関では、専門家や国際公務員が運営を担うが、FILACでは受益者である先住民に運営が開かれている。

第二に、主な活動の一つに政府と先住民の調停(conciliación)がある。先述の通り、先住民の地位向上のために多角的なアプローチを取ることがＦＩＬＡＣには期待されている。実際、ＦＩＬＡＣは教育支援や生活インフラ整備など典型的な援助事業を進めると同時に、政府代表と先住民代表が会する場であることを生かして、両者の協働を通じた先住民に資する公共政策の実現を目指している。

ＦＩＬＡＣはラテンアメリカ先住民の地位向上に大いに役立つものと期待されていた（Brysk 2000: 294）。しかしながら、その現在の知名度は極めて低い。これまでに出版されたＦＩＬＡＣに関する研究書は一冊のみで（Oliva 2003）、論文検索サイトＥＢＳＣＯでＦＩＬＡＣの具体的活動に言及した論文は一〇本を数えるのみである。[1] 以下で述べるように、これはＦＩＬＡＣがその個性を失いつつあることによる。

事業の特色に関する傾向

ＦＩＬＡＣは自らの中心的事業に「代表的プログラム（programa emblemático）」という呼称を付している。現在までに掲げられたのは、(一)先住民に資する公共政策の実現に協力する調停事業、(二)先住民の権利を国内法と国際法の双方で保障することを提案する人権事業、(三)先住民に関わる問題やそれに取り組む活動の社会的認知を高める広報事業、(四)先住民リーダーの育成事業、(五)先住民が自らの文化的慣行に即して生活を改善することを支援する「アイデンティティを伴う開発（desarrollo con identidad）」事業、(六)先住民の女性の地位向上を促進する事業、(七)ＦＩＬＡＣの持続的運営に向けた制度強化事業である（ＵＲＬ②）。ＦＩＬＡＣ自身を対象とする(七)を除くと、(二)から(六)までは国際ＮＧＯや国際組織でも行われている一方、(一)の調停事業がＦＩＬＡＣならではの活動であり、先住民の権利保障という国際規範を実現する有力なツールになることが考えられる。

調停事業はＦＩＬＡＣの事業全体においてどの程度の重要性を持っているのだろうか。この問いに対しては、ＦＩＬＡＣの文書における事業への言及の傾向を探るというアプローチを取ることができる。組織内で注目されている事業は運営方針を考える上で議論の対象になりやすく、文書に頻繁に登場することが予想される。ＦＩＬＡＣの日常的業務は総会によって任命される運営委員会(Comité Directivo)が担当することから、その議事録から調停事業に対する言及を拾い上げてみよう。

ここで注意しなければならないのは、調停事業が含む活動には事業としての「重さ」に幅があることである。例えば、該当する活動の一つに各国先住民代表に対する定期的な意見聴取がある。これは先住民に資する公共政策の実現に先立って要求を把握することを目的とし、ＦＩＬＡＣの負担は会合にかかる旅費や会場費などに限られる。これに対し、実際に発生している紛争の解決に立会う事業の場合、ＦＩＬＡＣは紛争の当事者(典型的な例としては先住民と、彼らのテリトリー内での資源開発を目論む政府や企業)の利害関係に巻き込まれる「重い」案件となる。そして、この「重い」案件に携わっている程度こそが、ＦＩＬＡＣが個性を発揮しているかを測るバロメーターとなる。

運営委員会の記録における「重い」案件への言及は二種類に分けられる。まず、実施済みの活動を前向きに評価する言及で、ＦＩＬＡＣが自身の行動に一定の手応えを得ていることを示している。もう一つはより積極的な対応を自らに要求する言及である。これはＦＩＬＡＣの現状に対する批判であるとともに、将来への期待を表現しているものと理解できる。

結果は表６-１の通りであり、実績評価や要求への言及があったところは網掛けで表示してある。

表6-1 FILAC運営委員会議事録における「重い」調停事業への言及，1996-2015

回	年	月	実績	要求
2	96	6	no	no
3	97	5	no	no
4	97	5	no	no
5	97	8	no	no
6	98	2	yes	yes
7	98	8	yes	yes
8	99	2	no	yes
9	99	5-6	no	no
10	99	6	no	no
11	99	9	no	yes
12	00	3	no	yes
13	00	11	no	yes
14	01	11	no	no
15	01	12	no	no
16	01	12	no	no
17	02	3	no	yes
18	02	10	no	yes
19	03	3	no	no
20	03	11	no	no
21	04	4	no	no
23	04	11	no	yes
25	06	2	no	no
27	06	9	no	no
29	07	10	no	yes
33	09	5	yes	no
36	10	9	no	no
37	10	9	no	no
38	11	4	no	no
40	11	10	no	no
41	12	3	no	no
42	12	9	no	no
43	12	11	no	no
44	12	11	no	no
49	14	8	no	no
50	14	11	no	no
51	15	2	no	no
52	15	4	no	no
53	15	7	no	no

出所：ＵＲＬ②掲載の議事録に基づき，筆者作成．議事録が非公開の回は欠番となっている．

まず、全体的に良好な実績を評価する言及は乏しく、先住民に有利な公共政策を実現することの難しさがうかがえる。これに対し、要求については一九九〇年代後半から二〇〇〇年代前半にかけて頻繁に登場している。具体例を挙げると、ホンジュラスでは先住民政策に関する政府と先住民代表との協議の場がないため、その設置に向けて行動するべきだという提案(第一七回)や、コロンビア内戦の和平交渉において先住民の被害者に特化した補償を実現しようという提案(第二九回)がある。しかし、二〇一〇年代になると、こうした言及は姿を消してしまった。

最重要プログラムとしての教育と開発

調停事業の不調は、先述のＥＢＳＣＯで検索された論文一〇本からもうかがえる。これらを「代表的プログラム」に従って分類すると、延べ数で教育が五、女性が三、「アイデンティティを伴う開発」が三、情報発信が一となる。調停事業に言及した論文はない。

この傾向は現在のFILACにおける代表的プログラムの重要度を反映している。まず、現在のFILACの目玉事業は「先住民異文化間交流大学（Universidad Indígena Intercultural: UII）」である。先住民の大学進学率の低さに加え、既存の大学教育カリキュラムが欧米的価値観のもとで編成されていることから、先住民の視点からカリキュラムを作り直し、そのもとで高度な知識を持つ先住民を育成することがUIIの目的である。FILACはラテンアメリカ諸国およびスペインの大学と提携し、二言語教育や先住民慣習法などのコースを提携校内に設け、毎年そのコースで学ぶ先住民に奨学金を与えている。事業は二〇〇七年に始まり、一九年までに二四〇八名が卒業した（URL③）。

UIIと双璧をなす事業が二〇一〇年に始まった「アイデンティティを伴う開発」である。これは、先住民固有の生活様式を尊重し、高度なテクノロジーを用いて人間や自然を搾取する資本主義的経済から一線を画して、持続的開発を実現することを目指す援助である。二一世紀に入り、一部のラテンアメリカ諸国がこうした開発観念を「よく生きること（vivir bien/buen vivir）」と名付け、国家の開発目標に定めたことも、FILACがこの事業に注力することを後押しした。事業分野は多岐に渡るが、近代技術と先住民の在来知を協同させた持続的農業の振興とエコツーリズムの推進が大半を占める（URL②）。

入手可能なFILACの年次活動報告を見ても、調停事業の存在感の薄さは明らかである。例えば、二〇一二年から一五年までの活動報告には、UIIの具体的なコース数や受入学生数、卒業者数が示され、「アイデンティティを伴う開発」についても一六カ国で六五事業が支援されているなど具体的な成果に言及がある。これに対し、調停事業については、各国先住民に意見を聴取する会議を他の団体と共催したという「軽い」事業が成果とされるに留まる(URL②)。

三 調停事業の衰退

先住民の権利保障を求めるローカルかつトランスナショナルな運動が成功し、その恩恵を受けて発展を遂げたラテンアメリカの先住民運動は、FILACを通じて政治的な発言力をさらに得たはずであった。しかし、現在のFILACの主力事業は教育などの典型的援助であり、FILAC特有の活動である調停事業は影を潜めている。この節では、FILACの活動に携わった先住民へのインタビューを交えつつ[2]、調停事業が積極的に進められていた時期とそうでない時期を比較し、FILACを軸にした先住民の連帯が困難になっていることを示す。

地位向上という共通の目的

FILACが成立した一九九〇年代において、先住民運動はまだ各国の国内政治で有力ではなく、政府も総じて先住民に対して冷淡であった。実際、政府はFILAC結成を推進しながら、あわせてその骨抜き策も講じていた。条約を批准しながら拠出金を提供しないことや、総会の同等参加原則の背後で、政府が先住民組織の意向を無視し、与党支持者を先住民代表に選ぶことが運営委員会でしばしば問題とされた。調停事業についても、ＦＩＬＡＣは内政に干渉せず、政府の要請に応じた政策支援をするに留めるとの提案が第八回運営委員会（九八年二月）で出された。

しかし、一九九〇年代は同時に、先住民組織からＦＩＬＡＣに多数の紛争案件が持ち込まれた時代でもあった。さらに、紛争の当事者たる政府もまた、ＦＩＬＡＣの存在が自らに著しく不利になると判断しなければ、ＦＩＬＡＣの立会いを受け入れた。

ＦＩＬＡＣから独立した立場で発表された研究の中には、ＦＩＬＡＣの調停事業を評価するものが複数ある。例えば、グアテマラにおいて軍政府と左翼ゲリラの間で三〇年以上続いた内戦が終結するにあたり、ＦＩＬＡＣが一定の役割を果たしたことが指摘されている。先住民が人口の過半数を占める同国では、地主層の利益を守る軍政府が土地の権利を争う先住民を抑圧しており、左翼ゲリラは先住民を支持基盤としていた。和平交渉では先住民の劣位という歴史的問題の解決こそ重要であることが確認されたが、その際にＦＩＬＡＣが先住民自治の推進や貧困削減などを目的とした財団の結成を支援した（Brysk 2000：270–271）。グアテマラ政府は、紛争解決に係るコストをＦＩＬＡＣが負担するという利益を得ることができたため、ＦＩＬＡＣを拒まなかったのである。

発展途上にあった先住民組織を強化する事業もまた、当時の主な調停事業の一つであった。一般に、先住民人口比率が小さい国では先住民の組織化が不十分な傾向にあるが、これを打破した例として知られるのがアルゼンチンである。総人口の三％程度を占めるに過ぎない同国の先住民は多様な言語集団を抱えており、差異を乗り越えて先住民として結束することができずにいた。ＦＩＬＡＣは各地方に分散する先住民組織の意見交換を推進し、その結果、二〇〇三年にアルゼンチン先住民全国組織

(Organización Nacional de los Pueblos Indígenas en Argentina)が結成された(Cuyul and Davinson 2007)。この組織は現在までアルゼンチンを代表する全国組織として、国内外の政策議論の場に参加している。

FILACの存在意義の低下

このように、調停事業は結成から一〇年ほどの間に一定の成果を収めたが、その後は勢いを失った。その主な理由の一つとして、先住民運動の発展に伴うFILACの存在意義の低下が挙げられる。先述の通り、ラテンアメリカにおいて先住民運動が国政で成功を収めた最初の国とされるのがエクアドルである。一九九〇年代に選挙から街頭での抗議まで活発な動きを見せた同国の先住民組織はFILACなどの国際組織から支援を受け、資金と人的ネットワークを充実させた。二〇〇二年には先住民組織を母体とする政党が連立与党を組み、二〇〇七年に登場した政権にて「よく生きること」が国家開発目標に掲げられると、先住民組織のリーダーが中央・地方の行政職に登用された。

こうした政治的成功は皮肉にも先住民組織におけるFILACへの期待を下げてしまった。筆者のインタビューを受けた先住民活動家は全員、次のような理由から、同国先住民の問題を解決するのにFILACは不要であると答えた。エクアドルの先住民組織は既に先住民に関心を持つ国内外の組織や政治家、専門家とつながりを持っている。よって、何か問題が発生すれば、そのネットワークを動員して自ら解決を導くことができる。FILACは各国の先住民代表が集う場ではあるが、具体的な問題に対して打開策を提供できるノウハウを持つ専門家集団ではない上に、意思決定も遅いため、刻々と変化する政治情勢に対応できる機動力を欠いている。なお、同様の指摘はボリビアやパナマの先住民活動家の一部からも聞かれた。

先住民の権利保障を先住民自らが追求できる力を持つことは望ましいことである。しかし、パナマの先住民活動家の一部が指摘するように、これは次のような不利益も生み出してしまう。国内政治に無力な先住民が意見表明できる国際的な場は、ＦＩＬＡＣを含め多い方が良い。しかし、国内政治で成功を収めた、ラテンアメリカ先住民運動のリーダーたるエクアドルやボリビアの先住民がＦＩＬＡＣの活性化に消極的になると、ＦＩＬＡＣの重要性が低下してしまう。政治的に無力な先住民にとって、これは有効な異議申し立ての場を奪うことと同然である。

開発をめぐる意見の対立

ＦＩＬＡＣの調停事業を揺るがすもう一つの要因は、今世紀のラテンアメリカが経験した大きな変化に由来する。アジア諸国の経済成長により天然資源に対する需要が高まり、その国際価格が高騰することで、ラテンアメリカ諸国では炭化水素・鉱物資源と農産品の輸出が大幅に伸びた。これら輸出品の産出は大規模な国土開発を伴うものであり、道路網や電力網などのインフラ整備や農地の拡大が二〇世紀には見られない水準で進んだ(Svampa 2017)。

こうした開発は農村部に広がる先住民テリトリーを巻き込むことが多い。その正確な規模は不明だが、ある鉱山開発関連の紛争に関するデータベースによれば、二〇〇〇年以後にラテンアメリカ諸国で発生した紛争は二〇八カ所、このうち先住民が当事者である件数は少なくとも七七カ所を数える（ＵＲＬ④）。それと同時に、好調な輸出に支えられて経済が成長することで、先住民の低所得が解決に向かうことにもなる。この結果、開発によってテリトリーが侵されることなく、経済成長の恩恵を受けられる先住民は、テリトリーを奪われる先住民と利害を共有できなくなってしまう。

先住民内部のこうした断絶を如実に示したのがボリビアのモラレス政権である。先住民であるモラレスは、FILACを含む国際組織からの支援を受けて発達した先住民組織を基盤として、二〇〇五年の大統領選挙で勝利した。大統領就任後、モラレスは「よく生きること」を国家の開発目標に掲げ、消費・生産の拡大のみを志向する開発を否定し、自然との調和や他者との連帯を重視した開発を目指すとした。しかし、実際の開発政策においては、天然資源の開発・輸出を政府主導で推進し、その利益を原資として活発な公共事業を行うことで貧困を解消するというモデルが採用された。この結果、先住民テリトリーの侵犯が広く見られ、多数の紛争が発生した(宮地二〇二〇)。

FILACの調停事業が機能しているなら、開発に巻き込まれた先住民の問題は頻繁に議論されねばならない。しかし、前掲の表6-1からはそのような傾向を読み取ることはできない。これは、先住民に見られるこうした分裂を反映したものである。

まず、各国政府を支持するFILAC関係者は、開発による紛争はFILACで議論するような問題ではないと唱える。ボリビアの関係者は全員、モラレス政権の開発モデルは劣位にある先住民の地位を高めると評価し、テリトリーを失った一部先住民による異議申し立てによって、先住民全体の利益が犠牲になることは不当であると唱える。

一方、先住民テリトリー内での鉱山開発や水力発電ダム建設をめぐって激しい対立が生じているエクアドルやパナマのFILAC関係者のうち、政権に批判的な者はFILACを通じた解決に期待を持っていない。ＦＩＬＡＣの調停事業は実績に乏しい上に、ボリビアのように開発容認の立場を取る代表が参加するＦＩＬＡＣで、開発を否定するような紛争を取り扱う見込みは薄いと彼らは指摘する。

ＦＩＬＡＣの現役職員もまた次の理由から開発問題を取り上げられないと語る。ＦＩＬＡＣは二〇〇六年九月の第七回総会にて、同年一月に大統領に就任したモラレスを、ラテンアメリカ先住民の地位向上に貢献した人物として表彰した。つまり、開発の不利益を議論することはモラレス批判、ひいては彼を表彰したＦＩＬＡＣ自身への批判につながってしまう。さらに、開発をめぐる先住民間の対立が露呈すれば、ラテンアメリカ先住民全体のための組織というＦＩＬＡＣの建前が崩れてしまう。

おわりに

先住民は自らの権利を守るべくトランスナショナルな運動を展開し、国連先住民宣言に代表される規範の確立を達成した。ラテンアメリカの先住民もまたこうした流れの中で成長し、先住民に利する公共政策の実現という、内政に踏み込む調停事業を行うＦＩＬＡＣの結成を実現した。しかし、先住民運動が発達するほど、ＦＩＬＡＣの調停事業は困難になっていった。これは、先住民の政治的地位が上昇し、ＦＩＬＡＣの重要性や開発政策をめぐる認識が多様化したことに起因している。

ＦＩＬＡＣの事例は、先住民の利害がもはや同質的ではないことを示している。先住民は自らの立場、言い換えれば先住民を取り巻く勢力との関係に応じて、自らの選好や行動の選択肢を変えてしまう。したがって、先住民の権利にまつわる規範の執行をめぐる議論は、先住民の権利のあり方がもはや一体性を持たないというラテンアメリカ先住民が直面する問題を看過していると言える。植民に端を発する歴史的経験を共有しながら、多様な利害を持つに至った今日のラテンアメリカの先住民運動は、先住民はそもそも何を追求するのかという運動の根本を問う段階に達しているのである。

注

（1） EBSCO（https://www.ebscohost.com）社の Academic Search Complete の検索結果。

（2） インタビューはボリビア（二〇一七年八月、二〇一九年三月）、エクアドル（二〇一八年三月）、パナマ（二〇一八年八月）について各五名、ボリビアにあるＦＩＬＡＣ本部勤務職員二名（二〇一九年八月）に対して実施した。

参考文献

宮地隆廣（二〇一四）『解釈する民族運動――構成主義によるボリビアとエクアドルの比較分析』東京大学出版会

宮地隆廣（二〇二〇）「「よく生きること」と政治参加――エボ・モラレス政権および政権批判に対する批判的検討」『イベロアメリカ研究』第四一巻二号

Brysk, Allison (2000) *From Trival Village to Global Village*, Stanford University Press.

Cuyul, Andrés and Guillermo Davinson (2007) *La organización de los pueblos indígenas en Argentina: el caso de la ONPIA*, Buenos Aires: ONPIA/CUSO/AECID/Universidad de la Frontera.

John, Edward and Dalee Sambo (2016) "Study on how States exploit weak procedural rules in international organizations to devalue the United Nations Declaration on the Rights of Indigenous Peoples and other international human rights law," document for the XV sessions of United Nations Permanent Forum for Indigenous Issues (UNPFII), May 9-20.

Lightfoot, Sheryl (2016) *Global Indigenous Politics: A Subtle Revolution*, Routledge.
Morgan, Rhiannon (2011) *Transforming Law and Institution: Indigenous Peoples, the United Nations and Human Rights*, Routledge.
Oliva, Daniel. (2003) *El Fondo para el Desarrollo de los Pueblos Indígenas de América Latina y el Caribe*, FILAC.
Svampa, Maristella (2017) *Del cambio de época al fin de ciclo: gobiernos progresistas, extractivismo y movimientos sociales en América Latina*, Edhasa.
UN (United Nations) (2009) *State of the World's Indigenous Peoples*, United Nations.
UN (2019) "Update on the promotion and application of the United Nations Declaration on the Rights of Indigenous Peoples," *Document for XVIII session of UNPFII*, April 22–May 3.

URL
① https://treaties.un.org/Pages/ParticipationStatus.aspx?clang=_en（二〇一九年一一月一一日閲覧）
② https://www.filac.org/wp/（二〇一九年一一月一一日閲覧）
③ http://reduii.org/reuii/（二〇一九年一一月一一日閲覧）
④ https://mapa.conflictosmineros.net/ocmal_db-v2/（二〇一九年一一月一三日閲覧）

第7章

辺境からグローバルな権利運動へ
——ボツワナと南アフリカにおけるサンの先住民運動——

丸山淳子

はじめに

「辺境」から「グローバル」へ

「アフリカの年」と呼ばれた一九六〇年から半世紀以上が経ち、アフリカのヨーロッパ植民地が主権国家として独立を果たして久しい。しかしこの独立は「支配の権力関係を何層も積み重ねた」植民地支配の表面的な部分でしかなかったとの指摘（清水二〇〇八：四三四）もされている。植民地期には、各地で多層的な支配関係が生み出されたり強化されたりしたが、その多くは、新生国家のなかに温存されながら、今日に至っている。この脱植民地化をめぐる未解決の問題は、それを封印してきた冷戦体制が解体された一九九〇年代以降、強く認識されるようになったといわれる（永原二〇〇九）。

そのなかで活発化している動きの一つに先住民（indigenous peoples）の権利運動がある。もともとこの運動は、一九六〇年代に北米やオセアニアなどで、ヨーロッパ植民者より先にその土地に住み、植民者によって建てられた国家のなかで周辺化された人々が、先住民として自主決定権を要求する運動として始まった。やがて一九八〇年代後半からは、国際機関が中心となって先住民の権利を守る法や制度が整備され、先住民を支援する国際NGOの設立や、先住民のトランスナショナルな組織化も進んだ。とくに国連が「世界の先住民の国際年」に定めた一九九三年前後からは、「先住民には独自の文化や生活様式を維持する権利がある」という考え方が国際的に支持を得て、南米やアジア、アフリカでも、先住民運動が活発化し始めた。この動きは二〇〇七年には「先住民族の権利に関する国連宣言」の採択というかたちで結実した(丸山ほか二〇一八)。

先住民の権利運動は、国家のなかでも最も周辺化されてきた人々が「先住民」と名乗ることにより、他国で同じ状況に置かれている人々や国際機関、国際NGOなどとつながり、当該国の政府が解決すべき「国内問題」とされてきた問題を、別のかたちで解決する道筋を見出したものといえる。先住民の多くは、地理的には、国内の中心地から最も離れた「辺境」の地に暮らし、政治的な意味でも、国家統制が及ばないか、地方政府にわずかに捕捉される程度で、「辺境」に位置づけられてきた。ところが、この運動によって、そのような人々が辺境から地域の中心、そして国内の中心へと段階的にアプローチするのではなく、いきなり国際機関や国際NGO、あるいは遠く離れた国の先住民など、様々な位相にある個人や団体、組織などと直接的につながり、問題解決を試みるという経験をすることになった。まさに「辺境」から「グローバル」へと一足飛びの関係が生み出されたのである。

このような国家を超えたグローバルなつながりが、とりわけ大きく影響したのが、アフリカの先住民運動であった。先住民運動が始まった一九六〇年代、アフリカでは、国家としての独立による脱植民地化が模索されており、先住民の問題は議論の俎上にほとんどのぼらなかった。独立後の政府も、国境線の変更や国民統合の阻害、民族紛争など危惧し「アフリカには先住民問題はない」、「国民すべてが先住民」という立場をとってきた。多様な民族や集団が移動と分離融合を繰り返してきたアフリカでは、北米やオセアニアの植民国家のように「先に住んでいた人々」として先住民を確定することは困難であったこともあって、先住民の正式な承認や、政策や法制度の整備なども進まなかった。ところが、一九九〇年代にはいると、先住性や植民国家を前提とした旧来の先住民定義を超えて、非主流、文化的独自性、アイデンティティなど複数の要素を鑑みて「先住民」と認めることに、国際機関などが合意し、その適用範囲を広げるようになった(Saugestad 2001)。このなかで、ようやくアフリカのポスト植民地国家のなかで少数民族や集団が経験している差別や困難も、先住民の問題としてとらえる動きが広まった。二〇〇〇年代に入ると、アフリカ統一機構内の「人および人民の権利に関するアフリカ委員会」も、アフリカでは先住民の基準として、先住性よりも文化的差異にもとづく周辺化や土地との特別なつながりが重要であると表明した(ACHPR 2006)。こうした動きに呼応し、アフリカ各地の少数者が、先住民として権利回復運動を進めることが急増するようになった。

アフリカなどの「後発」の先住民運動は、北米やオセアニアなどで先住民運動を開始した人々が、それぞれの地域や国内での運動を徐々にグローバルに広げていったのとは異なり、すでにグローバルな先住民のネットワークが構築されていたなかに、いきなり飛び込むかたちで始まった。それがゆえに、それまで国内で放置されてきた問題が、グローバルな支援に後押しを受けることにより、かつてないスピードや力をもって解決に向うことが期待された。同時に、それぞれの地域や国家において、その機運が十分に醸成されていないまま、運動が進んだり、あるいは持ち込まれた概念や手法などが、地域の実情にそぐわないなどといった齟齬や葛藤が生まれることにもなったのである。

サンの先住民運動

このようななか、南部アフリカの狩猟採集民のサン(ブッシュマン)も、アフリカの先住民として運動に加わっていった。とくに二一世紀に入って、ボツワナと南アフリカで彼らが「先住民」として土地権を回復したことは、この運動の前進を示すものとして注目を浴びた。ボツワナでは、中央カラハリ動物保護区からの立ち退きを余儀なくされたサンに対して、二〇〇六年に高等裁判所が動物保護区への帰還を認め、南アフリカでは、国軍兵士であったサンが、プラットフォンテインとよばれる一万三〇〇〇ヘクタールの土地の権利証を政府に与えられ、二〇〇四年からそこで暮らし始めた。

本章では、この二つの事例を比較考察することによって、南部アフリカの植民地化と脱植民地化の歴史が、彼らをいかなるかたちで「辺境」の民にし、そしてその歴史的経験がどのようなかたちで先住民運動というグローバルなつながりに結び付いたのかを明らかにする。また同じ「サンの先住民運動」とされる二つの事例が、歴史的経緯や国家体制などの違いの中で、いかなる異同をみせているのかを検討する。それによってアフリカのポスト植民地国家のなかで、実のところいまだ大きな課題である脱植民地化がいかにして進められようとしているのか、そのなかで「辺境」が直接的に「グローバル」に接続していくことがなにをもたらしているのかを考えたい。

サンは、南部アフリカ各地で、多数の言語グループに分かれ、狩猟採集を基盤としながら、多様な

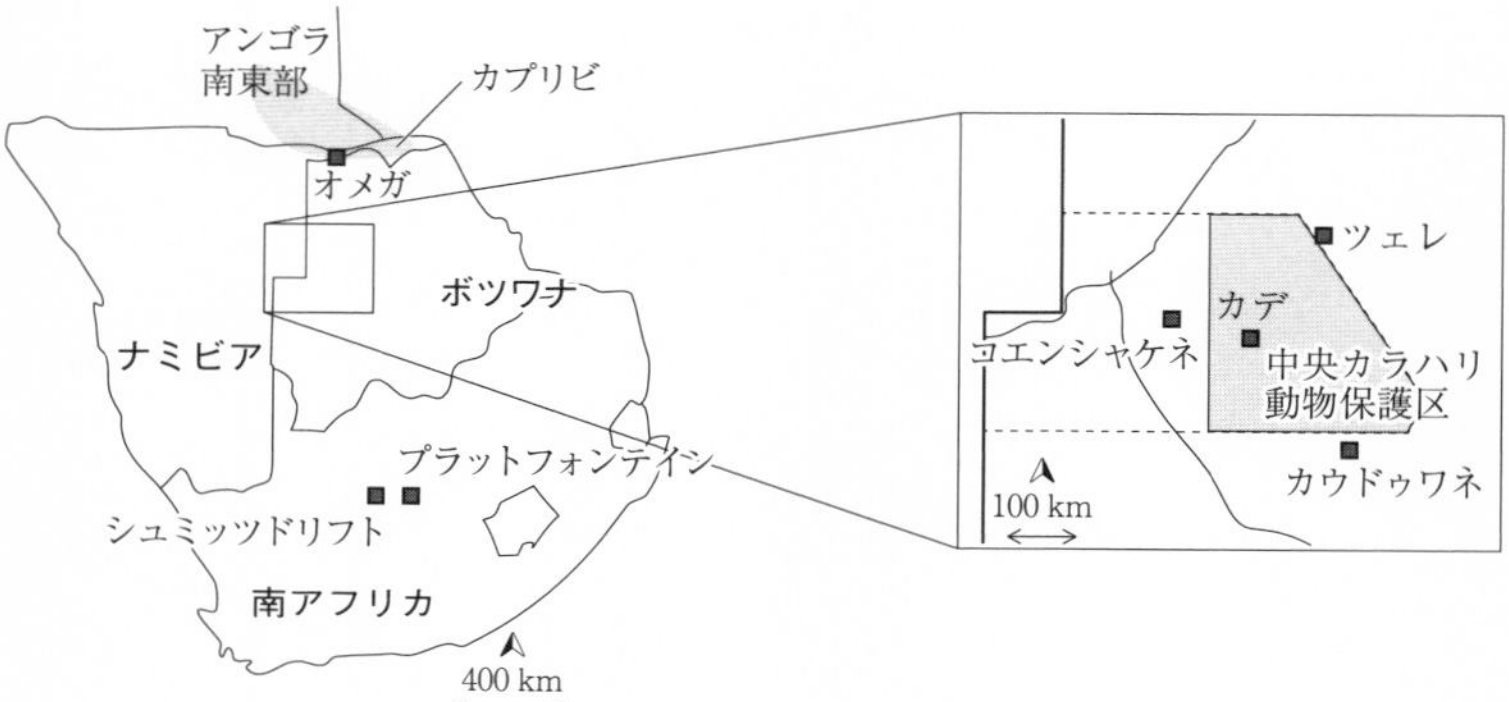

図 7-1　本章に登場する南部アフリカの地名

生活様式を展開してきた。現在は、ボツワナ、ナミビア、南アフリカを中心に、約一〇万人の人口が報告されている。地域の住民の大半がバントゥ諸語を話す農牧民であるなかで、狩猟採集を営み、コイサン諸語を話すサンは、いずれの国家においても政治・経済・文化的な少数派である。ボツワナの中央カラハリ動物保護区に居住していたのは、主としてグイ（G|ui）語とガナ（G||ana）語を話すサン（以下、グイ／ガナ）で、その合計は二〇〇〇人程度である（池谷二〇〇〇）。一方、南アフリカのプラットフォンテインには、クン（!Xun）とクウェ（Khwe）と自称する言語グループ（以下、クン／クウェ）が居住し、二〇一〇年の調査では、クンが四五六九人、クウェが一七五五人確認されている（SASI 2010）。その多くが、アンゴラ南東部とそれに隣接するナミビアのカプリビ地域の出身である（図7-1）。

一　土地を失うまでの歴史的経緯

グイ／ガナとクン／クウェは、地理的に離れた場所に暮らし、最近になるまで交流はほとんどなかったが、南部アフリカ全体がたどった歴史を反映し、おおむね似たような時期に、似たような出来事を経験してきた。ただし、個々の出来事が、彼らの生活にもたらした影響や意味は、正反対といえるほど異なっていた。先住民運動の前史として、以下では、時代ごとに両者の経験をみていきたい。

植民地期

グイ／ガナとクン／クウェのもともとの居住域は、地理的な「辺境」に位置し、植民地政府の介入も遅かった。しかし二〇世紀半ば、いったん介入が始まると、それは彼らの生活の中心部で展開され、大きな社会変化を生み出すものとなっていった。

現在のボツワナの基となるのは、一八八五年にイギリスによって設立されたベチュアナランド保護領である。この地域は農耕に不適な乾燥地で、貿易港からも遠い内陸に位置したため、植民者の関心は薄く、南部アフリカのなかでは植民地化が遅かった。保護領となってからも、その影響を強く受けたのは、王国を形成していたバントゥ系農牧民のツワナで、人口も少なく、原野で狩猟採集をしていたサンはほぼ等閑視されていた。そのなかで保護領政府がサンに対して唯一施した政策が、「ブッシュマン調査官」を任命し、国内の最も「辺境」であったグイ／ガナの暮らす地域を調査させたことであった。調査官は、白人入植者の大農場が拡大し、サンの狩猟採集生活の場が失われつつあることを指摘した。そして彼の提言を受けて、保護領政府は、サンと野生動物の双方を保護することを目的に、一九六一年、グイ／ガナの生活域に中央カラハリ動物保護区を設立した（Silberbauer 1981）（図7-1）。

一方、現在、プラットフォンテインに暮らすクン／クウェの多くは、当初はアンゴラ南東部で生活していた(図7-1)。アンゴラは、一四八三年以来、五〇〇年にわたってポルトガルの植民地支配を受けてきたが、入植のはじまった海岸地域に比べれば、そこから最も離れた南東部での植民地化の影響は限定的なものであった。記録は少ないが、植民地期にこの地域のクン／クウェは、近隣のバントゥ系農牧民と関係をもちながら、狩猟採集や小規模な農耕牧畜を営んでいたことが報告されている(Estermann 1976)。しかし、一九六一年にポルトガルに対して解放組織が武力闘争を強めると、状況が一変した。ポルトガル軍が、サンが狩猟採集生活のなかで培ってきた能力を買い、弓を意味するフレシャス(Flechas)と名付けた小部隊をサンだけで編成し、解放組織と戦わせたのである。フレシャス部隊の兵は、基本的に簡単な武装で、ブッシュのなかで敵の足跡を読み、追跡し、戦うことが求められた。植民地支配からの解放を目指す三つの組織の支持層はいずれも、アンゴラ住民の多数派であったバントゥ系農牧民で、長年サンに対して支配的な態度をとってきた人びとであった。この歴史的な確執を利用して、ポルトガル軍はサンを取り込んでいったと考えられている(Uys 1993)。

このように両者とも、狩猟採集生活をしてきたサンであったことが理由で、植民者の側から「特別な扱い」を受けた。その結果として、中央カラハリ動物保護区においてはサンの伝統的な狩猟採集生活が国内で唯一公的に保護されることとなり、逆にアンゴラ南東部では、サンが他の多くのアフリカ人の「敵」であった植民地政府軍に組み入れられ、従来の生活形態を急速に失っていったのである。

やがて一九六六年にボツワナが、そして一九七五年にアンゴラが、新生国家として独立を迎えることになった。その後の一九七〇年代、八〇年代には、グイ／ガナもクン／クウェも、定住化と開発計画を経験することになったが、その経緯や性格は、それぞれに特有のものであった。

独立後のボツワナ政府は、グイ／ガナを、伝統的な狩猟採集生活の見本かのように扱い、野生動物とともに保護することは植民地主義的だと批判した。そして彼らを「主流社会に統合すること」が、脱植民地化において重要であるとした。この方針を具体的に進めたのが、サンのように都市部から離れた「遠隔地」に暮らす人々を、開発拠点に移住、集住させ「他の国民と同じ生活をさせる」ことを目指す「遠隔地開発計画」であった（丸山二〇一〇）。これにより、二〇〇二年までに、全国のサンの大半が六四の開発拠点のいずれかで生活することになった。中央カラハリ動物保護区内でも、一九七九年にカデ地域が開発拠点に指定され（図7-1）、六〇〇人以上のグイ／ガナが集められた。開発拠点では、定住化が進められるとともに、家畜飼養や農業、賃労働が推進された。また診療所やツワナ語を教授言語とする小学校、ツワナの慣行に従ったヘッドマン制度なども整えられた（池谷二〇〇〇）。

一方のアンゴラでは、戦争が長引き、多くのサンが兵士となっていったが、一九七五年にようやく植民地支配からの独立が決まった。しかし、それは、サンにとっては、かつて敵として戦った解放組織からの報復を恐れる日々を迎えることを意味した。そのため、多くのサンは、親族のネットワークを頼りに、徒歩で何日もかけて、現在のナミビアの北東部のカプリビ地域へと逃げることになった。この時代、ナミビアは、南西アフリカと呼ばれ、アパルトヘイト政権の南アフリカの実効支配下にあった。そして、南アフリカ国防軍は、南西アフリカで民族別の軍を編成し、独立を目指すバントゥ系のオバンボを中心とする解放組織と戦うとともに、独立後のアンゴラで生じていた解放組織間の内戦へ介入することを計画していた。とくにカプリビは戦略上重要な地域でもあり、一九七四年から、国防軍が地元のクウェを兵士としてリクルートをはじめ、さらにアンゴラから逃げてきた元フレシャス兵のサンも取り込むことで、「部隊三一」通称「ブッシュマン部隊」を編成した(Lee and Hurlich 1982)。

カプリビにはオメガ基地が建設され、一九七八年までに、カプリビの人口の約半分にあたる三〇〇〇人以上のクン／クウェが居住するようになった(図7-1)。オメガには、病院や教会、南アフリカの支配言語であったアフリカーンス語を用いる小学校も設立され、「開発プログラム」の実施拠点の様相を呈していたといわれる(Lee and Hurlich 1982)。基地の周囲にできた集落には、農場がつくられ、クン／クウェが雇用されて基地に提供する家畜や野菜の生産に従事した。さらに軍の幹部と、兵士や住民との意思疎通を図るために、「ブッシュマン議会」も整備された(Uys 1993)。

独立後のボツワナの開発計画は、植民地主義からの脱却を謳いながら、サンを脱狩猟採集民化し、ツワナ語の教育や、農牧業の推進、ツワナの政治組織の導入などを通じて、ツワナへと同化させる性格をもっていた。それは実質的には、植民地期に主流民族となったツワナによるサンに対する支配的な関係を、継続させるものであったといえる。一方でクン／クウェにとって、アンゴラの独立は、自らの居場所を失うことを意味し、逃亡先の南西アフリカ／ナミビアでも、ひきつづき植民地支配を受けることになった。オメガでは、彼らの「近代化」がすすめられたが、白人への同化は目指されなかった。むしろ「自然のなかで敵の足跡を読む力」など、軍にとって都合の良い側面を「サン文化」として本質化し、維持させることで、民族間の境界線を徹底して強化することに力点があった。

土地の喪失

このようにして一九六〇年以降、グイ／ガナも、クン／クウェも、植民地／ポスト植民地政府が、その生活に強い影響を及ぼすなかで、大きな変化を経験した。こうした変化は、一九九〇年代に入ると、土地の喪失というかたちで、クライマックスを迎えることになった。

ボツワナでは、政府による開発計画がさらに進行し、一九八九年、中央カラハリ動物保護区から住民を立ち退かせる政策が閣議決定された。一九九七年には、動物保護区外に設けられた三つの開発拠点コエンシャケネ、ツェレ、カウドゥワネを再定住地として住民の移転が始まり(図7-1)、二〇〇二年には、動物保護区内の行政サービスがすべて打ち切られた。この移転は、開発計画の推進と野生動植物保護を目的とするものだと謳われたが、それとひきかえに、グイ／ガナは生活の基盤であった故地へのアクセスを失うことになった。なじみのない土地では狩猟採集も難しく、農耕牧畜や賃労働への移行も強く求められた。さらに家族ごとに居住区画が機械的に割り当てられ、従来のような遊動的な生活を続けることも困難になった。土地そのものを失うだけでなく、そこで長年にわたって営まれてきた生活形態そのものまでもが、変化を強いられることとなったのである(丸山二〇一〇)。

クン／クウェが暮らしていた南西アフリカは、一九九〇年にナミビアとして独立が決まり、彼らは、再び「敵」の国に残るかどうかの選択を迫られた。残らないことを選択した兵士とその家族三七二〇人は、南アフリカのノースウェスト州に位置するシュミッツドリフト基地へと移動した(図7-1)。彼らには南アフリカの市民権が与えられたが、居住用に用意されたのは大きなテントのみで、仮住まいが続いた。それには、一九九〇年代前半が、南アフリカにとって大きな政治転換期であったことが影響していた。アパルトヘイト政権の終わりが見えはじめた当時、政府や軍にサンを庇護する余裕がなくなっていたのである。一九九三年にはブッシュマン部隊の正式解散が決まり、兵士の多くは職を失った。さらに彼らの立場を難しいものにしたのが、同年に、基地ができるまでこの土地に住んでいたバントゥ系のバタピンの要求した土地返還が承認されたことであった。クン／クウェにとって、シュミッツドリフトに代わる場を手に入れることが切実な課題となったのである(Robins 2001)。

こうして、グイ／ガナもクン／クウェも、生活の場であり、自分たちの文化の再生産を可能にする場でもあった土地を失うことになった。いずれも、植民地からの独立を果たした新生国家の体制のなかの、脱植民地化の過程こそが生み出した苦境であった。

二　先住民運動への参加

アフリカの先住民運動の展開

ボツワナや南アフリカで、グイ／ガナやクン／クウェが土地を失った一九九〇年代、先住民の問題はすでにグローバルに取り組むべき課題として認識されるようになっていた。それまでは「先住民問題はない」とされてきたアフリカでも、自らの苦境を国際社会に訴えるために「先住民」という言葉を使い始める民族や集団が現れはじめた。一九八九年には、国連の先住民作業部会に、アフリカからの初の代表としてタンザニアの牧畜民マサイと狩猟採集民ハッザが参加し、その後、徐々にアフリカからの参加者が増えていった。一九九三年には、先住民を支援する国際NGOのIWGIA(International Work Group for Indigenous Affairs)がデンマークで会議を開催し、マサイなど東アフリカの牧畜民、サハラ地域の牧畜民トゥアレグ、中央アフリカの狩猟採集民ピグミーと並んで、サンが、アフリカの先住民として初めて集められ、議論を交わした(Veber et al. 1993)。さらに一九九〇年代後半には、各地の先住民の組織化やそれを支援するNGOの設立が進むとともに、アフリカ先住民どうしの国家を超えたネットワークも構築された。一九九九年には、これらのNGOや団体などがタンザニアに集って「アルーシャ決議」を採択し、アフリカ連合に先住民問題を取り上げるよう働きかけた結果、二〇〇三年には先住民の代表を加えた作業部会が立ち上げられた。このようにアフリカの先住民をめぐる様々な動きがあった時代に、中央カラハリ動物保護区からの立ち退きが進み、アパルトヘイト政権が終わりを迎えたのは、偶然とはいえ、サンの命運に大きな影響を与えることになった。

ボツワナでは、立ち退き計画が発表されるやいなや、SI(Survival International)などの国際的な先住民支援NGOが中心となり「先住民が故地を追われる」として大規模な反対運動が組織された。これに応じて、地元でもサンを「先住民」と表するNGOがいくつか誕生した。とくに、一九九三年に前述のIWGIAの資金的支援を得て設立されたNGOのFPK(First People of the Kalahari)は、SIと連携し欧米諸国でのアドボカシー活動に力を入れた。また一九九二年に開催された初めてのサンの地域会合で設立が決まったトランスナショナルなネットワーク型NGOのWIMSA(Working Group of Indigenous Minorites in Southern Africa)も、反対運動に加わった。やがて二〇〇二年に中央カラハリ動物保護区内の行政サービスが停止されると、これらの地元のNGOと国外の先住民支援NGOらが

「交渉チーム」を結成し、政府と交渉を進めた。しかし、両者の折り合いはつかず、政府を提訴するに至る(Hitchcock 2002)。このように、ボツワナでの先住民運動は、国際社会からNGOを介して持ち込まれ、最終的には土地返還を求めた裁判へと収斂されていった。

この問題は、国内外の世論を巻き込んだ大論争となった。ボツワナは独立以来、政策レベルで「民族別に異なった扱い」をすることはアパルトヘイトに通ずるとして、徹底的に回避してきた。政府は、この論理を掲げ「すべてのボツワナ人が先住民である」と繰り返し、サンに必要なことは「開発」であると強調してきた。一方で「交渉チーム」は立ち退きを「先祖伝来の土地で伝統的な狩猟採集生活を続ける権利の侵害」として問題化し、他国の先住民が土地を剝奪されてきた経験と同様のものであると主張した。両者の主張や情報は、インターネットを通じて発信され、また多くのメディアも取り上げた。二〇〇六年に高等裁判所が立ち退きを違憲とする判決を出すまで、この論争も長く続いた。

一方の南アフリカでは、ブッシュマン部隊の解体が決まって以降、軍によって整備された「ブッシュマン議会」が、クン議会とクウェ議会に再編され、一九九三年には自治組織として、クンとクウェのトラスト(!Xun and Khwe Trust)が立ち上がった。一九九六年には、土地の集団保有と管理運営のための組織CPA(Communal Property Association)も設立された。これらの組織は新政権との交渉を続け、シュミッツドリフトに代わって、永住できる土地を、精力的に探すとともに(Robins 2001)、国際機関や国際NGOから先住民組織とみなされ、資金やノウハウの支援を得た。そして、一九九三年の国連先住民作業部会への参加を皮切りに、クン/クウェのなかからも先住民として国際会議などに招かれる人びとが現れるようになった。さらに、一九九六年には、ボツワナの立ち退き反対運動にも加わったＷＩＭＳＡの支援で、南アフリカのサンのためのＮＧＯとしてＳＡＳＩ(South Africa San Institute)が設立され、クン／クウェからも理事が選出された。ＳＡＳＩは、ボツワナのサンのＮＧＯであるクル開発トラスト(Kuru Development Trust)の傘下に入り、南アフリカに事務所をかまえたアフリカ全域の先住民のネットワーク構築を目的とするＮＧＯのＩＰＡＣＣ(Indigenous Peoples of Africa Co-ordinating Committee)とも協力体制をもった。この時期、ＮＧＯが国境を越えて連携をとり、先住民としてのサンのネットワーク化を進めたが、ＳＡＳＩはその中心にある存在となっていった。

同時に、ポスト・アパルトヘイト政権へと移行した南アフリカ国内では、それまでの白人中心主義的な歴史の見直しが進み、長年続いた人種差別によって失われた権利を取り戻すことへの関心が高まっていた。クン／クウェ以外にも、サンやサンと近縁の牧畜民であったコイを祖先にもつ混血集団である「カラード」の人びとも、自らの出自をさかのぼり、先住民として国際会議などに参加しはじめていた。クン／クウェは、彼らとも強固なネットワークを築き、全国コイ・サン評議会(National Khoi-San Council)のメンバーになるなど、国内でも存在感を示すようになっていった。このように、自らを組織化し、先住民として国内外で注目されたことは、クン／クウェがプラットフォンテインという移転先を得ることを後押しし、マンデラ大統領からその土地保有書を手渡される大々的なセレモニーの開催にもつながった。

歴史的経験と先住民運動

このように、どちらのケースも「先住民」という政治言説を手にし、グローバルに展開されてきた先住民運動とつながることによって、解決への道筋が示された。植民地化以降、独立を経てもなお、サンは「辺境」に位置付けられ、彼らの土地権が正式に認められることなどなかった。しかしその歴史が決定的に変わった。アフリカ人政権による国家独立をもって成し遂げられたとされる脱植民地化が、終わっていないばかりか、そのなかで不可視化された人々がいたこともあぶりだされたのである。

同時に、この二つのケースは、同じサンの先住民運動とはいえ、その内実は様々な点で異なっていた。ボツワナでは、中央カラハリ動物保護区の設立により、グイ／ガナは「砂漠に暮らす狩猟採集民」のイメージを体現するような生活を、最近まで続けていた。このイメージは先住民を支援する国際NGOやメディアに効果的に用いられ、グローバルな支持を得ることにつながった。「先祖の土地で伝統的な生活をしていた人々」とみなされた彼らは、典型的な先住民像に合致し、他地域で進められてきた先住民運動の手法もあてはめやすかった。それゆえ、国外で練られた概念や運動方法が中心になり、その担い手や資金も国外に拠点をおく支援団体によるところが大きくなっていった。さらに、近代的な組織化や社会運動にはなじみの薄かったグイ／ガナのなかで、運動に関わるものは限られ、それ以外の多くの声は、対立する両陣営に都合よく切り取られるかたちでしか表に出てこないという結果がうまれた。この地域では、グイ／ガナが、自身の主張によって「先住民」として認知されるようになったというよりも、国内外の関心の集中のなかで彼らが「先住民」化されていったともいえる。

一方で、南アフリカにおけるクン／クウェの場合、彼らが先住民であることは、自動的に認められるものではなかった。狩猟採集生活よりも軍の生活が長く、南アフリカにも最近になって「移住」してきたからである。そのうえ、アンゴラ、ナミビア、南アフリカのいずれでも植民者の側に従軍していたという過去は、彼らの立ち位置を難しいものにした。そのなかで、南アフリカを「祖先の土地」と呼び、自らを「先住民」と再定置することによって、「敵」であった過去を払拭し、ポスト・アパルトヘイト国家のなかで居場所を見つけることは簡単ではなかった。広く南部アフリカの地域史をみればサンは最も古くからの居住者であり、植民地化の被害者でもあったという事実に焦点をあてることで、クン／クウェはようやく「先住民」として自らの立場の正統性を主張し、グローバルにもサポートを得ることが可能になった。また、彼らが自身で組織化を進め、国家や国際社会に働きかけてきた背景には、従軍経験があったことも無視できない。兵士として経験した組織化、リーダー選出、近代的な交渉方法などは、結果として、国内外の制度を理解し、先住民として運動を展開することに貢献した。加えて、フレシャス部隊もブッシュマン部隊も、軍にとって有意義だとされた「サン文化」の維持に力が注がれた。そのなかで本質化された「サン文化」を、彼らは部分的にせよ引き受けることによって、それを「先住民の文化的独自性」として発信することにつなげたのである。

国家体制と先住民運動

こうしたサンの側の歴史的経験の違いに加えて、両国の政府の方針の違いも、運動の位置づけを変えた。ボツワナ政府は、アパルトヘイトを続ける南アフリカを隣国に持ち、その抵抗として、民族別の対応をしないことを方針としてきた。このような国に、先住民という概念が国外からもたらされたことは、様々な混乱を引き起こした。大統領も「いくつかのアフリカ人コミュニティが、他の人々よりもより先住である(more indigenous than others)」という主張は「植民地的アパルトヘイトの幻想」

に過ぎないと演説した(Botswana Daily News 2004)。またこの運動が国外のNGO主導で始まったことを指して「西洋諸国からの再植民地化」として非難する声も少なくなかった(Mphinyane 2001)。先住民という考え方に対する反発は、多くのボツワナ人に共有され、政府と「交渉チーム」のあいだの対立構造を強化させていく結果となった。

高等裁判所の判決は、先住民運動の「勝利」と報じられたが、その後、ボツワナ政府はサンを正式に先住民と認めることはないまま現在に至っている。運動に加わった地元NGOのなかには、「先住民の権利」より「人権」概念のほうが国内からの支持を得やすいという見解から、徐々に先住民という言葉を使わなくなったものもある。この意味で先住民やその権利という考え方は、地域に根付くというよりは、個別の問題に対する個別の解決策としてのみ役目を果たしたといえる。

これに対して、多文化主義と少数者の権利の尊重を正しいとするポスト・アパルトヘイトの南アフリカでは、少なくとも公の場において、サンの文化的独自性は歓迎されるものであった。白人中心主義的な歴史が見直され、かつては「未開」や「後進性」と結び付けられてきたサンのイメージも、ポジティブなものへと転換され、過去と未来をつなぐ国民統合のシンボルとみなされるようになったのである(Barnard 2003)。政府にとってアパルトヘイトによって分断された国民を統合することは急務であり、その象徴としてもクン/クウェの要求に応えることには価値があったと考えられる。

加えて、南アフリカでは「カラード」の存在も大きかった。実は、アパルトヘイトが終わるまで、南アフリカのサンは「絶滅した」と考えられてきた。もともとこの地に住んでいたサンは、コイととともに、バントゥ系住民や白人入植者らとの混血を繰り返し、政治的にも「カラード」に分類され、不可視化された(Besten 2009)。その過程で、文化や言語、アイデンティティも失われていった。しかし、アパルトヘイトが終わると、政治的に作られたカテゴリーである「カラード」に代わって、サンやコイサンとしてのアイデンティティを表明し、先住民の権利運動に加わる人々が現れた(佐藤二〇一五)。クン/クウェは、彼らとともに運動を展開したことによって、国内で一定の支持を得ながら、政府に対して働きかけることができた。それは、プラットフォンテイン移住後も継続している。その結果として、コイサンの土地権やリーダーシップを承認する法案が通るなど国内政治も動かしつつある。

おわりに

グイ/ガナとクン/クウェのたどった歴史は、アフリカのマイノリティにとって植民地経験が、マジョリティのそれとは異なるものであったことを示している。植民地からの国家としての独立や、新生国家における脱植民地化のプロセスが、彼らをますます周辺化してきたからである。このような複層的な植民地化の問題に対して、先住民運動は武力闘争や国家としての独立とは異なるかたちで、自由と自律とを求める運動として進められた。長らく辺境におかれてきたサンがこの運動に参加できた背景には、先住民の問題を解決しようとするグローバルなネットワークの果たした役割が大きかった。このネットワークは、国際機関や国際NGOがハブとなって広がり、各地の個別の問題と考えられていたものを、「先住民」の問題として集約し、可視化することにより、広範な支持と力を得たのである。同時に、サンがこの運動に加わったことにより、先住民に対するグローバルな理解も刷新された。

北米やオセアニアとは異なる歴史を持つアフリカで先住民主張がなされたことは、ヨーロッパ系植民者との関係でとらえられてきた旧来の先住民概念を、実行的に乗り越えていくものとなったからである。すなわち先住民という概念が、「アフリカ人」のなかにある権力関係に光をあて、また「移住民」や「混血」さえも排除しない開かれたものとして、使われるようになっていたのである。

こうした運動の積み重ねの結果、二〇〇七年の「先住民族の権利に関する国連宣言」採択の際には、紆余曲折がありながらも、ボツワナも南アフリカも賛成票を投じた。とはいえ、サンの権利回復が順調に進んでいるとはいえない。社会運動は、その成果として、制度や政策の成立というかたちで実を結ぶことが期待されることがあるが、その意味では、両国ともそれがなされてはない。ボツワナ政府の態度は一貫して変わることなく、サンを先住民とみなす政策や制度成立の見通しはないばかりか、グイ／ガナのなかには、裁判に関与してなかったことを理由に故地に戻ることを政府により阻まれている人々も多い。南アフリカでは、二〇一九年末にコイサンの伝統的リーダーを承認する法律が通ったものの、政治的に有力な「カラード」出身者の声が大きく、コイサンのなかでクン／クウェは周辺に位置付けられている。「先住民の権利」という考え方は、中央カラハリ動物保護区やプラットフォンテインへのアクセスを得るという個別のケースに対しては大きな意味を持ったが、それが広くアフリカ社会全体に受け入れられたとはいいがたい。そして土地問題がいったん決着した後、時間の経過とともに、先住民内部の不平等や排除という新たな問題も生じ始めている。

サンの先住民運動は、グローバルに流通する概念やグローバルなネットワークが、個別のローカルな問題解決のためにアドホックに用いられたものとも理解できる。このことは、その効果が限定的で、社会構造の変革を導きにくいものに見えるかもしれない。しかし同時に、その柔軟性や即席性が、人・モノ・情報がかつてないスピードと規模で流れる現代における社会運動の特徴であり、そこにこそ、従来にないかたちで世界を変えていく可能性もまた見出せるはずである。

参考文献

池谷和信(二〇〇〇)『国家のなかでの狩猟採集民――カラハリ・サンにおける生業活動の歴史民族誌』国立民族学博物館

佐藤千鶴子(二〇一五)「南アフリカにおけるコイサン復興運動と土地政策」『アフリカレポート』第五三号

清水昭俊(二〇〇八)「先住民、植民地支配、脱植民地化」『国立民族学博物館研究報告』第三二巻三号

永原陽子(二〇〇九)『「植民地責任」論――脱植民地化の比較史』青木書店

丸山淳子(二〇一〇)『変化を生きぬくブッシュマン――開発政策と先住民運動のはざまで』世界思想社

丸山淳子・木村真希子・深山直子(二〇一八)「いま、なぜ「先住民」か」、深山直子・丸山淳子・木村真希子編『先住民からみる現代世界――わたしたちの〈あたりまえ〉に挑む』昭和堂

African Commission on Human and Peoples' Rights (ACHPR) (2006) *Indigenous Peoples in Africa: The Forgotten Peoples? The African Commission's Work on Indigenous Peoples in Africa*, ACHPR and IWGIA.

Barnard, Alan (2003) *Diverse People Unite: Two Lectures on Khoisan Imagery and the State*, Centre for African studies, Edinburgh University.

Besten, Michael (2009) "We are the original inhabitants of this land: Khoe-San identity in Post-Apartheid South Africa," in Mohamed Adhikari ed. *Burdened by Race: Coloured Identities in Southern Africa*, University of Cape Town Press.

Botswana Daily News (2004) "Mogae fires broadside at NGOs Gaborone," 22 March, 2004.

Estermann, Carlos (1976) *The Ethnography of Southwestern Angola. Vol. 1: The Non-Bantu Peoples, The Ambo Ethnic Group*, Holmes & Meier.

Hitchcock, Robert K. (2002) "We are the First People: Land, Natural Resources and Identity in the Central Kalahari, Botswana," *Journal of Southern African Studies*, 28 (4).

Lee, Richard B. and Susan Hurlich (1982) "From Foragers to Fighters: South Africa's Militarization of the Namibian San," in Eleanor Leacock and Richard B. Lee eds. *Politics and History in Band Society*, Cambridge University Press.

Mphinyane, Sethunya T. (2001) "The 'Dirty' social scientist: Whose Advocate, the Devil's or the People's?," in Alan Barnard and Justin Kenrick eds., *Africa's Indigenous Peoples: 'First peoples' or 'Marginalised Minorities'?*, University of Edinburgh Press.

Robins, Steven (2001) "Part 1: South Africa," in Steven Robins, Elias Madzudzo, and Matthias Brenzinger, eds., *An Assessment of the Status of the San in South Africa, Angola, Zambia and Zimbabwe*, Legal Assistance Centre.

SASI (2010) *Pangakokka: Platofontein Community Development Plan*, SASI.

Saugestad, Sidsel (2001) *The Inconvenient Indigenous: Remote Area Development in Botswana, Donor Assistance, and the First People of the Kalahari*, Nordic Africa Institute.

Silberbauer, George B. (1981) *Hunter and Habitat in the Central Kalahari Desert*, Cambridge University Press.

Uys, Ian (1993) *Bushman Soldiers: Their Alpha and Omega*, Fortress Publishers.

Veber, Hanne et al. (1993) *Never Drink from the Same Cup: Proceedings of Conference on Indigenous Peoples in Africa, IWGIA Document* 74, IWGIA & Centre for Development Research.

第8章

関係性の記憶とその投影
――大規模開発に直面したエチオピア農牧民の生活選択――

佐川　徹

はじめに

「冷戦終結の前後から人やモノ、カネ、情報が国境をこえて大量かつ頻繁に往来するようになった」。これは、グローバル化にともなう大規模な社会変容を論じる際の枕詞としてよく使われる文章である。この文章は、グローバル化とは滑らかに進展する均質化のプロセスだという印象を与えてしまいがちだ。しばしば指摘されるように、現実にはグローバル化は不均等に進み、さまざまな局面で多くの摩擦(friction)を引き起こしながら、世界をより起伏にとんだものとしている(Tsing 2004)。

グローバル化にともなうサハラ以南アフリカ社会の動態を検討したファーガソンは、グローバル化を「世界全体での相互接続」と定義づけることに警告を発する。グローバル化は、平野を水が流れる(flow)ように面的な広がりをもちながら連続的に進むわけではなく、資本が「使える＝利益を創出する」とみなす点(場所)同士のつながりばかりをつくるからである。たとえば、アンゴラの原油採掘基地は首都のオフィスや港湾の輸出用タンカーとは接続するものの、周囲の地域社会からは孤立したアンクレーブ(離れ小島)を形成する。基地には地域の外部から技術者が移住し、民間軍事会社がその周囲を警備する。地域社会に雇用の機会や公共サービスはほとんどもたらされない。ファーガソンによれば、イギリス植民地期から進んだザンビアの銅鉱山地帯の開発は、多くの雇用を地域に創出しただけでなく、会社が教育・医療施設の整備などにも一定の配慮を払う「厚い(thick)」事業だったのに対して、新自由主義的な秩序の下でなされる今日の事業は社会的に「薄い(thin)」ものだという(Ferguson 2006)。

グローバル化を「距離の喪失」と特徴づける議論に対しても、冷戦終結から四半世紀を経た今日、「遠さ(remoteness)」が際立つ地域が現れてきたとの指摘がある。グローバル化による不均等なつながりにくわえて、一九九〇年代の「世界のリベラル化」への楽観的な認識が効力を失い、権威主義的な体制をとる国が増えてきたことで、グローバルな中心からアクセスが困難な地域が局所的に増加しているというのである。ここでいう「遠さ」とは、中心部からの空間的距離によって同定できる物理的事実を指しているのではなく、地域が国家や資本と取り結ぶ接続のありようから導出される関係論的な概念である(Sexer and Andersson 2019)。そのため、接続のありようが変化すれば「遠い」地域は「近い」地域となるし、その逆もまた同様である。

本章が対象とするエチオピア西南部に位置するオモ川下流地域も、近年になって新たな「遠さ」を帯びた空間となってきた。国家の最辺境に位置していたこの地域では、二〇〇〇年代半ば以降、大規模な開発事業が次々と開始された。これらの事業は地域住民である農牧民の生活基盤をつよく損ねるものだが、人びとに代替的な生計の手段や機会はほとんど提供されていない。また、これらの事業は「開発主義国家」を標榜するエチオピア政府の威信をかけた大事業であり、政府の姿勢に批判的なエチオピア人や外国人は地域から排除される。開発事業にともなう道路整備によって、首都から地域へ到達するために必要な時間は短縮されたが、従来の物理的な「遠さ」とは異なる政治経済的な力学のもとに創出される「遠さ」が、この地域を特徴づけるようになっている。

開発事業により従来の生活基盤が損なわれるという危機に直面した農牧民が取った対応は、筆者にとって意外なものだった。彼らがもっとも見下してきた生業だった漁労を始めたのである。本章では、人びとがこの選択をした際に作用していた過去の関係性をめぐる記憶を検討したい。この問いを探求することは、酒井が本シリーズ第一巻でグローバル関係学の分析手法のひとつに挙げた「みえない関係を可視化する」作業につながると考えるからである。

以下では、まずエチオピアにおいて人口的にも政治的にもマイノリティであるダサネッチ人がくらすオモ川下流地域が、一九世紀末から二〇世紀前半にかけては帝国主義的野心を有した三つの国家が争う前線となっていたこと、第二次世界大戦後には国家にとっての政治的・経済的重要性が失われ政府から放置状態に置かれたこと、二一世紀に入ってから再度、国家や資本による統治と資源抽出の前線地域となったことを示す。そのうえで、人びとが近年の社会変容にともない地域に参入してきた外部アクターを、過去にこの地を訪れた外部アクターとの関係性の記憶を投影しながらまなざしていること、そのまなざしが今日の住民の関係形成や行為選択に影響をおよぼしていることを論じる。

一　接続、放置、再接続

エチオピアのオモ川下流地域

エチオピアというと、いまでも日本では一九八〇年代に形成された「飢餓の国」というイメージが強いかもしれない。だが二〇〇〇年代に入ってから、エチオピアは「経済成長するアフリカ」を牽引する国となった。二〇〇四年から二〇〇八年までGDPは二ケタ成長を続け、他のアフリカ諸国の成長が減速した二〇一〇年代に入ってからも高い成長率を保っている。

筆者は二〇〇一年からエチオピアの西南端、ケニアや南スーダンとの国境付近にくらすダサネッチの人びとのもとで調査を進めてきた。彼らの人口はエチオピア側に約七万人、ケニア側に約一万人である。標高二〇〇〇メートルをこえる冷涼な首都アジスアベバに対して、ダサネッチがくらす土地は標高三五〇—四〇〇メートルの低地に位置する半乾燥地域である。彼らの居住域は、エチオピア高原に源を発するオモ川がトゥルカナ湖に流れこむオモ川下流地域に位置する。近年までダサネッチは、オモ川の氾濫を利用した牧畜と農耕に依存した生活を送ってきた。とくにウシに高い文化的価値を置き、自分たちが「家畜とともに生きる人びと」であることに誇りを抱く人びとである(佐川二〇一一)。

国家の再辺境に置かれたこの地域は、筆者が調査を開始した二〇〇一年時点でも「未開社会」的な様相を呈していた。当時は、アジスアベバからダサネッチの行政中心地となる町オモラテまでは車で二日半かかった。オモラテから一日歩いて着いた村には、「エチオピア」という語を「聞いたことがない」という人が多くいた。だがオモ川下流地域は、一九世紀末から第二次世界大戦にいたる時代、エチオピアとイギリス、イタリアが、領土や経済資源の獲得をめぐって闘争をくり広げた場であった。

接続と放置

ダサネッチは、もともと集権化された統治機構の存在しない「国家のない社会」を形成していたが、一九世紀末にエチオピア帝国に軍事征服された。本章では、別稿(佐川二〇一一)にもとづいてダサネッチと国家の関係史を簡潔にまとめる。エチオピアには紀元前五世紀ごろから国家が存在してきたとされるが、その勢力圏は現在のエチオピア北部から中部の高地地域に限定されていた。現在のエチオピア国家の領域が輪郭を成してきたのは一九世紀半ば以降である。とくに一八八九年に即位した皇帝メネリク二世は、一八九五年のアドワの戦いでエチオピアの植民地化を目論むイタリアに勝利をおさめると、現在のエチオピア南部に軍隊を進め、近代国家エチオピアの領域をほぼ画定した。帝国軍は、一八九八年にオモ川下流地域に侵攻し、トゥルカナ湖北岸にエチオピアの旗をかかげた。

メネリク二世が低地の辺境地域にまで軍隊を送ったのは、イギリス領ウガンダ植民地のイギリス軍が、トゥルカナ湖西岸へ進軍の準備をしているとの情報を得たからだとされる。エチオピア帝国にとって、国家の中心部である高地地域への緩衝地帯を確保するために、南部の低地地域をその領域に組み込む必要が生じたのである。ダサネッチがくらす土地の大部分は、一九〇七年の「イギリス・エチオピア協定(Anglo-Ethiopian agreement)」によりエチオピア領の西南端、つまりイギリス領東アフリカ(一九二〇年からはケニア植民地)との国境地帯に位置づけられることとなった。

軍事征服後、ダサネッチの地では住民のなかから現地社会と政府との行政仲介役が選出されたが、彼らの権威は低いままにとどまった。人びとの生活に影響を与えたのは、彼らの居住地域から二〇〇キロほど北に位置し、帝国軍の駐屯地となったマジとのつながりだった。マジには帝国軍の侵攻後、エチオピア高地から軍人が移住してきた。彼らは一九一〇年代から一九二〇年代にかけて、奴隷や象牙の略奪とイギリス領への政治的影響力の確保を目的として、イギリス領東アフリカ／ケニア植民地に越境攻撃を重ねた。国境付近にくらすダサネッチの一部はこの部隊に動員されたため、彼らはイギリス植民地政府下の王立アフリカ小銃隊（King's African Rifles）による軍事攻撃の対象となった。

エチオピアは一九三五年にイタリアの侵略を受け、一九三〇年に即位していた皇帝ハイレ＝セラシエ一世はイギリスに亡命した。ダサネッチもイタリアの統治下に置かれ、彼らの居住地域はイタリアとイギリスが隣接してときに戦火を交える前線となった。この時代のダサネッチの経験については後述する。一九四一年にイギリス軍がエチオピアを解放するとハイレ＝セラシエ一世は帰国し、それ以後イギリス領ケニア植民地との緊張関係は解消された。象はこの時期までにはほぼ狩りつくされ、奴隷が商品として販売されることもまれになった。そのため、オモ川下流地域は中央政府にとって政治的にも経済的にも重要性を喪失し、ほぼ放置状態に置かれた。一九四三年以降に常駐することになった少数の警察官を除けば、首都から遠く離れ、暑い太陽が降り注ぐこの地にわざわざ高地から移住してくる者もいなかった。一九七四年に帝政を打倒して成立した軍事政権はエチオピア全土で統治の強度をつよめたものの、オモ川下流地域の農牧社会におよんだ影響は小さかったとされる。

再接続の時代

この地域の外部世界とのつながりが再度強まったのは、エチオピアが経済成長を始めた二〇〇〇年代半ば以降である。ダサネッチの生活には、とくに二つの大規模な開発事業が影響を及ぼしはじめた。一つは発電出力一八七〇メガワットの巨大ダム、ギベ第三ダムの建設である。ダムはオモ川中流域に二〇〇六年から建設が開始され、二〇一五年に稼働した。エチオピアでは二一世紀に入ってからダム建設が続き、二〇〇〇年と比較して二〇一五年には電力生産能力が一〇倍に増加した(Mains 2019)。増大する国内の電力需要を賄うとともに、近隣諸国へ輸出する電力を生産するダム開発は、経済成長の要を担う一大事業である。オモ川下流地域はダムの建設現場ではないが、中流域にダムができることでオモ川の水量が減り氾濫が停止するおそれがつよいと、専門家は警告してきた。ダム開発は、氾濫原での農耕や牧畜に依存してきた住民の生存基盤を根底から破壊しかねない事業でもある。

もう一つは大規模な商業農場の建設である。二〇〇〇年代後半から、世界各地で「土地収奪(land grabs)」とも呼ばれる大規模な土地取引や農場開発の動きが広がった。その直接的なきっかけは二〇〇七年から二〇〇八年の国際食料取引価格の上昇だが、背景には各国での食料安全保障への意識の高まり、世界的なバイオ燃料への需要増加、リーマンショック後の資本の逃避先としての土地への注目など複数の要因が作用している。「土地収奪」は、領土が国家の統治から離れてグローバル市場における商品へ転化していく「脱・国家化」のプロセスを加速させると分析されることもあるが、少なくともエチオピアにこの指摘は当てはまらない(Lavers 2016)。

エチオピアで取引対象とされた土地の大部分は、農牧民らがくらし土地の登記も進んでいなかった南部や西部の乾燥地域である。中央政府からなかば放置されていた辺境の空間が、土地取引を契機に登記が進み、国家の土地法の下に管理されていく。また、エチオピアでは外国企業が数万ヘクタール規模の土地を手にしている一方で、数十―数千ヘクタール規模の土地が国内投資家、とくにもともとエチオピア北部にくらし、一九九一年に成立したエチオピア人民革命民主戦線(ＥＰＲＤＦ)政権の中枢を占めてきたティグライ人へ貸し出された。連邦政府は彼らに辺境の開発を進めさせることで、国家の権威を領土の隅々にまで浸透させる意図を有しているという(Oakland Institute 2011)。最後に、二〇〇五年から二〇一二年になされた大規模な土地取引の約三分の一は国有企業との取引だった(Keeley et al. 2014)。国有企業の農場ではサトウキビが栽培されている。二〇二五年までに中所得国入りすることを目標に掲げる政府は、砂糖生産を成長の基幹産業として位置付けているからである。このようにエチオピアでは、辺境部の統治強化と農産物輸出の拡大という明確な政治的意思を有した中央政府が、強い管理のもとに土地の取引と開発を進めた。

ダサネッチの居住地域では、二〇〇七年にイタリア企業が三万ヘクタールを入手し、数百ヘクタールでジャトロファなどの栽培を始めた。二〇一三年にはインド企業が一万ヘクタールを取得してその一部で綿花の耕作を開始した。二〇〇九年からはティグライ人が経営する企業も参入し、うち三つの農場の数十ヘクタールではトウモロコシなどの栽培が進んだ。取引対象となった土地はいずれもオモ川沿いの灌漑に適した平地である。さらに、ダサネッチから北一〇〇キロ程度に位置する農牧民のボディやムルシがくらす地域では、国有企業によるサトウキビ農場が稼働を開始した。

一方向的で部分的な再接続

エチオピア政府や企業は、開発事業の影響を強く被る農牧民の生活に適切な配慮をしていない。ダムが稼働を始めた二〇一五年からオモ川は氾濫していないが、ダサネッチはいかなる補償も得ていない。農場は居住地から住民を立ち退かせて建設されたが、土地は未登記だったため補償の支払いはない。政府や企業は、大規模農場は雇用創出と技術移転を現地社会にもたらすと喧伝する。実際には、農場に雇用された人の大部分はエチオピア中南部からの季節労働者であり、農場が設置した灌漑設備を利用できた住民はわずかだった。

大規模開発事業が抱える問題を考えれば、この地域の農牧民が国際的な先住民運動による支援を受けて、権利の保護を国内外で訴える可能性を想定できよう。本書第7章で示されているように、一九九〇年代後半から、国際NGOがローカルNGOと連携しながら進める先住民運動がサハラ以南アフリカでも盛んになった。エチオピアのダム建設や農場開発をめぐっては、複数の国際NGOなどが欧米を中心とした国際社会で反対キャンペーンをおこなった。しかしエチオピア国内では、この動きに呼応した市民社会組織は存在しない。エチオピア政府が二〇〇九年に施行した法令(Proclamation No. 621/2009)で、国外のすべてのNGOと活動資金の一〇%以上を国外から得たローカルNGOが、人権や紛争に関わる活動に従事することを禁じたからである。この法令の背景には、二〇一〇年に国政選挙を控えていた政権の意向が作用していた。二〇〇五年の選挙で苦戦した与党は、その一因を欧米から資金を得たNGOのアドボカシー活動にあると分析していたからである(Dereje 2011)。法令がローカルNGOの活動や意識へ与えた影響は大きかった。たとえば、筆者が二〇一一年に小規模な農業事業を営むＮＧＯを訪問して聞き取り調査した際、職員は「話をする前に言っておく。我々は人権の問題にはかかわっていないから、そのことについては聞かないように」とわざわざ注意を促した。

市民社会活動を厳しく制限する政策は、欧米諸国の政府から批判の対象になりうるし、エチオピアで開発・支援活動をおこなう国際ＮＧＯと政府の関係に悪影響を与えかねない。エチオピア政府が、このようなリスクをともなう法令を施行できたのには二つの背景がある（宮脇・利根川二〇一八）。一つは二〇〇一年九月一一日以降の世界情勢である。エチオピアは、アメリカが「テロ支援国家」に指定するスーダンや「崩壊国家」ソマリアに隣接しており、「テロとの戦い」の文脈でアメリカの重要な戦略的同盟国となった。もう一つは中国との関係の緊密化である。今世紀に入ってからエチオピアには中国による莫大な直接投資がなされ、国際ＮＧＯによる援助活動に依存する必要が低下した。二つの大国との良好な関係を背景に、エチオピアは権威主義的な開発主義国家の道を突き進んできた。

結果として、国際ＮＧＯはエチオピア国内のローカルＮＧＯと連携関係を築くことはできず、地域住民を反対運動に動員することもできなかった。また、ギベ第三ダム建設への反対運動を主導した国際機関である「国際河川（International Rivers）」などのメンバーは、エチオピア政府によってオモ川下流地域への立ち入りを禁止され、なかにはエチオピアへの入国自体を拒否された者もいた（Mains 2019: 54）。ダサネッチに隣接する農牧民ニャンガトム人の男性は、ダム建設への反対の意思をＢＢＣの番組で表明したために国外への亡命を余儀なくされた。

アパデュライ（二〇〇四）は、グローバル化にともなう文化フローの動態を把握するために、エスノスケープ、メディアスケープ、テクノスケープ、ファイナンスケープ、イデアスケープという五つを同定し、これらの要素のフローが均質的に進むのではなく、各要素の移動や伝達に乖離が生じることが世界に多様な危機を引き起こすと分析した。オモ川下流地域には、農場稼働にともない人びと(エスノ)、資本(ファイナンス)、技術(テクノ)が国内外から短期間に流入した。その一方、国際NGOなどが発する「先住民の権利」や「食料主権」といった考え(イデア)やそれを報じるメディアの流れは、エチオピア政府により遮断された。結果として、オモ川下流地域の農牧民には、みずから「先住民」と名乗り、グローバルな舞台で権利の主張をおこなう道が開かれなかった。今世紀に入ってからの外部世界との再接続は、地域住民にとって一方向的で部分的なものでしかなかったといえよう。

二　過去の関係性の記憶と現在の生活選択

漁労を始めた農牧民

では開発事業により従来の生活基盤を失いつつあった人びとは、どのように事態に対応したのだろうか。以下では二〇〇九年に商業農場が建設されたD村の住民を事例に考えてみよう。

D村の人口は二〇〇〇人程度である。この村は行政村であり、南北約一〇キロの間に位置する複数の集落により構成されている。D村の中部から南部にかけての一〇〇〇ヘクタールの土地が、二〇〇九年にエチオピア北部出身のティグライ人に貸しだされた。もっとも、実際に耕作がなされたのは二〇一〇年時点で三〇ヘクタールだった。この土地にもともと住居を構えていたダサネッチは、ほぼ強制的に同じ行政区の別の土地へ移動を迫られた。ただし、農場開発が進んだ土地は氾濫水がおよばない地域だったため、もともと牧畜や農耕に使われることはまれであった。そのため、この時点では農場建設が彼らの従来の生業に決定的な悪影響を与えたわけではないが、人びとは自分たちのこれまでの生活が危機に瀕していることを農場建設から感じとり、新たな生活手段を探した。

農場が稼働してまもない二〇一〇年ごろ、多くの若者がD村から南方へ二〇キロ程度に位置するトゥルカナ湖の北岸地域へ移動して、漁労を始めた。彼らのこの行為選択は筆者にとって大きな驚きだった。私が二〇〇一年に調査を開始して以来、ダサネッチは魚を獲ることや食べることを、つよく見下してきたからである。漁労をするのは家畜をもたない貧しい者だけであるし、魚は臭くてとても食べられない、というのが多くのダサネッチに共通した見解であった(佐川二〇一九)。その彼らが、少なくとも私にとっては突然、獲った魚を商人へ売るために漁労を始めたのである。

東アフリカ牧畜社会の先行研究では、社会変容に対応するために人びとが生業の多様化を進めてきたことが一九八〇年代から報告されてきた。具体的な選択肢としては、ミルクなどの販売を進める、小規模な灌漑農業を始める、町で賃労働に従事するといったものがあるが、ダサネッチの若者の間では漁労の開始を選択した人が目立った。彼らが漁労を開始した際、トゥルカナ湖北岸には魚の販売相手となる二つの異なる属性を有した商人がいた。二〇〇〇年代なかばからこの地に漁労の拠点を設けていた北部の高地からやってくるエチオピア人商人と、二〇一〇年ごろに南のケニア側から国境をこえて訪れるようになったソマリ人商人(国籍はケニア)である。興味深いのは、ダサネッチが取引関係を結んだのはほとんどがソマリ人だったという点である。

「漁労に従事する」という彼らの選択を奇妙に感じたのは、生活の危機に直面した人びとが「どのような活動をはじめるのか」だけに筆者が目を向けていたからである。その観点からすると、これまで見下してきた漁労を開始した住民の選択は理解が難しい。それに対して以下では、ダサネッチにとっては新たな活動を「だれとともにするか」という点が重要だったこと、またソマリ人と取引関係を築くという人びとの選択に、過去の外部アクターとの関係性の記憶が影響を与えていたことを示そう。

横暴な文化的他者、ウシュンバ

ダサネッチは文字を使わない生活を送ってきたが、人びとは外部勢力との接触の歴史をよく伝え聞いている。国家の辺境部では、中心部では発現しないような国家によるむき出しの暴力を用いた征服や略奪が起きやすく、また従来の生活からは断絶した遠い他者との突然の出会いが発生したりもする。つまり、一回ごとの接触の密度が濃いために、人びとが語り記憶する素材が多く提供されるのである。ダサネッチにとってのそのような接触は、帝国軍による軍事征服時とイタリア統治時代に起きた。

今日のダサネッチには、一九世紀末の軍事征服を直接経験した者はもういない。だがこの出来事は口頭伝承をとおして語り継がれてきた。とくに強調して語られるのは、当時は槍と弓矢しか有していなかったダサネッチが銃を有した帝国軍に痛めつけられたこと、そして帝国軍が家畜や女性、子どもを奪い北へ連れ去っていったことである。この二つは、ダサネッチの「ウシュンバ」に対するイメージの根幹を形づくってきた。ウシュンバとは、エチオピア高地からやってきた人びとを指すダサネッチ語である。この範疇には、歴史的にエチオピア国家の中心を占めてきた高地に分布するアムハラ人やティグライ人がふくまれる。また近年では、村を離れて高地人とともに町に住むダサネッチのことも、村人は「ウシュンバ」と呼ぶ。彼らは「高地人のような生活と考え方」をしているからだという。ダサネッチにとってウシュンバとは、なによりも横暴な文化的他者である。征服時に家畜や女性を連れ去っていったように、ウシュンバはダサネッチからなにかを奪っていく存在だとされる。また、ウシュンバはダサネッチが抱く牧畜中心的な価値意識を共有していない。ダサネッチも近隣集団から家畜を略奪することがあるが、それはみずからの家畜群の頭数を増やすためである。しかし、ウシュンバはダサネッチから家畜を奪っていくと、それをすぐに殺して食べたり、商人に売ってしまう。彼らは家畜飼養それ自体に価値を見出しておらず、むしろ「家畜とともに生きる人びと」であるダサネッチを「遅れたやつら」と見下し、定住化と農耕化を進めるよう圧力をかけてくるのだという。

ウシュンバは横暴な存在であるが、「真の力」は有していないという評価もダサネッチはよく口にする。一九世紀末にダサネッチが敗北したのは、あくまでも彼らが銃を持っておらず、ウシュンバがそれを持っていたからである。ダサネッチが本質的に彼らに劣っているわけではない。さらに、帝国軍が有していた銃はウシュンバがつくったものではなく、「白い人」のもの、つまりヨーロッパ世界からもたらされたものでしかないということも強調される。

人びとは、今日進められている開発事業、つまりダサネッチの土地を奪い農場を建設することや、ダムをつくり牧畜の基盤となる放牧地を利用不可能にしていることは、横暴な文化的他者というウシュンバの属性の現れとして理解している。同時にダサネッチは、「真の力」をもたないウシュンバが進める事業は長続きしないという見通しも抱いている。オモ川下流地域では、今世紀に入り大規模な事業が開始される以前にも、何度か政府による小規模な灌漑事業などが試みられたことがあった。しかし、それらはいずれも機械の故障や予算の不足により短期間で頓挫したという。「真の力」がないウシュンバは「突然やってきて、突然去っていく」存在でしかない。今日の事業も過去の事業と同じ途をたどるだろう、というのが多くのダサネッチの評価である。

以上から、現在ダサネッチの大部分が町での雇用や農場での仕事など、ウシュンバと関係を持つ仕事へは積極的に参入していない理由がわかる。ダサネッチを見下しその生活を破壊するウシュンバと共同関係を形成することは、ほかのダサネッチから「あいつもウシュンバだ」という評価を招くおそれがあるし、そもそもウシュンバによる仕事には持続性がない。少数ではあるが、ダサネッチのなかにも商業農場に雇用されたり、トゥルカナ湖でウシュンバの魚会社と契約関係を結んだりした男性がいる。しかし、彼らからは農場での給料が勝手に減らされたり、魚が安く買い叩かれたりしたという話が頻繁に語られる。こういった経験や語りが、ウシュンバに対する否定的な評価を再生産する。

タリヤーンの人びと、ソマリ人

ウシュンバと対照的な評価をされるのが、ダサネッチが「タリヤーン」と呼ぶイタリア軍である。「タリヤーンの時代」を少年や青年として過ごした現在の老人は、ふとしたきっかけから当時の思い出を語る。筆者が親しい老年男性の家を訪問したとき、彼の孫に飴玉をあげると老人が突然、甲高い声で歌いだした。「タリヤーンは車の人、ハーヨー、ロドワに移住した、ハーヨー。フォレスは車の人、ハーヨー…」。ふだんは厳格な老人の豹変ぶりに、周囲にいた若い人たちは目を丸くした。歌い終えた老人は、「子どものころ、夜にこの唄でタリヤーンをたたえると、司令官だったフォレスは子供たちの輪に加わった。唄が終わるとかれは飴玉をくれた。タリヤーンはわれわれの父親であった」。筆者が老人の孫に飴玉を与えたことが、彼にイタリア時代の記憶を喚起させたわけである。

ダサネッチが手に入れたのは飴玉だけではない。イタリア軍は、ダサネッチをケニア植民地のイギリス軍に対する国境防衛隊として訓練し、彼らへ大量の銃や弾薬を支給した。前節で述べたとおり、ダサネッチはイギリス植民地政府下のアフリカ小銃隊から攻撃を受けていたため、彼らにとってもこの「同盟」は有益なものだった。イタリア軍はコメなどの食料、砂糖や酒などの嗜好品、服などの生活物資もダサネッチに与えたという。それに対して、ダサネッチが彼らの駐屯地へ「白い人」が好むヤギを贈与しに行くと、イタリア軍はお礼に紙幣を差しだした。当時カネなど知らなかったダサネッチはそれをすぐに投げ捨ててしまった。それ以来イタリア軍はカネではなくより多くの物資をくれるようになった。両者はたがいが望む物資を贈与しあう友人でもあったのだという。

ダサネッチによれば、ソマリ人もまた「タリヤーンの息子」であり、ダサネッチとソマリは「兄弟」としてともにイギリス軍に対抗した。イタリア軍がオモ川下流地域に到達したのは一九三七年のことだが、イタリア軍は北方と東方からそれぞれ進軍してきたとされる。東方からの軍隊をこの地まで導いてきたのは「赤い人」ソマリ人であった。ソマリ人は、それ以前から交易のためにダサネッチの地を訪れており、国境付近の地理にも明るかった。ダサネッチは、自分たちより肌の色に赤みを帯びている人を「赤い人」と呼ぶ。ウシュンバも「赤い人」である。だがウシュンバは「悪い赤い人」であるのに対して、ソマリ人は「良い赤い人」である。東アフリカの広域で商業活動を行うソマリ人は、ほかの社会では「貪欲な人間」として否定的に評価される場合もあるが、ダサネッチでは「タリヤーンの時代」の記憶が強烈なものであったことも影響してか、そのような評価を聞くことは少ない。

ダサネッチの地に商業農場が開設された時期と、ソマリ人が魚を求めてトゥルカナ湖北岸を訪れるようになったのがほぼ同時期だったのは偶然の一致である。だがダサネッチにとっては、この一致が重要だった。ウシュンバが率いる政府がもたらす開発事業によって生活が危機的な状況に置かれたときに、ソマリ人が高い価格を提示して魚を購入し始めたのである。これは、「われわれを抑圧するウシュンバ」と、「タリヤーンの息子」として協力しあったソマリという二つのアクターとの歴史的な関係性が、今日の世界に再現したかのように人びとに受け取られた。そのため、ダサネッチは、文化的に低く評価されてきた生業であっても、それがソマリと共同関係を築きながらおこなう新たな生活手段という点において、漁労に従事することを選択したのである。

誤解のないように記しておけば、もちろん今日のソマリ人は、同じ「タリヤーンの息子」だからダサネッチの元を訪れているわけではない。トゥルカナ湖北岸を訪れているソマリ人商人によれば、彼らが魚を買い付けにくるようになったのは、近年ケニアやウガンダ、コンゴ民主共和国の都市部で魚への需要が高まっており、商品化が進んでおらず水質汚染の度合いも低いトゥルカナ湖北岸の魚の交易からは高い利益が見込めるからだという。一方のダサネッチがソマリ人を交易相手に選んだ背景にも、経済的な要因が作用している。多くのソマリ人はケニア国籍しか有しておらず、「地元民」として国境を比較的自由に往来できるダサネッチから安定的に魚を入手することを望んでいる。そのため、ダサネッチは取引価格の設定においてソマリ人商人に対して有利な立場に立つことができるのである。

おわりに

今世紀に入りオモ川下流地域には国内外から多くの資本と人びとが流入してきた。開発事業の進展により、地域の農牧民は生活基盤であった土地の一部やオモ川の氾濫を失ったのに対して、そこから得られた利益や機会はごくわずかである。少なくとも現在までのところ、この地域の開発事業は社会的に「薄い」事業にとどまっているといわざるを得ない。また、事業の進展にともない政府からの統治圧力がつよまり、地域住民はグローバルに展開する先住民運動から切断された。結果として、彼らが地域の外部へ向けて自己の窮状を発信する主体となることはなかった。

生活基盤が損なわれつつある状況下で、ダサネッチの若者の一部は、新たな機会を求めて国家中心部である北の方角に向かうのではなく、湖がある国境付近の南へ足を向けた。そこで、東アフリカ一帯に広がるソマリ人のリージョナルな商業ネットワークの末端に接続することで、新たな現金稼得手段を得た。この生活手段を模索する過程では、「なにをするか」だけでなく「だれとともにするか」という点が、人びとにとって行為選択の重要な判断材料のひとつとなった。開発事業の進展にともない、新たな外部アクターがこの地に参入してきた際、ダサネッチには最年長の世代を除けば、外部アクターと深く接した経験は有する者は少なかった。彼らが生きてきた第二次世界大戦後の時代、この地域は長く放置状態に置かれていたからである。そこで人びとは、新たなアクターとの関係づけを調整する際に、一九世紀末から二〇世紀前半におけるダサネッチと外部アクターとの関係性をめぐる記憶を参照した。そして、横暴な文化的他者であるウシュンバに依存した生活よりも、「タリヤーンの息子」であるソマリ人とともに漁労に従事することをより好ましい選択だと判断したのである。

本章で示したのは、大規模な社会変容に直面した人びとが、歴史的な関係性の記憶を現在の関係形成の主要な参照点していたことである。グローバル関係学は、外部の視点からアクター間の関係性を分析することにくわえて、調査対象とする人びと自身が抱く関係論的な他者認識の様相に目を向けることで、危機の渦中を生きる人びとによる行為選択の論理をより的確に理解できるだろう。

参考文献

アパデュライ、アルジュン(二〇〇四)『さまよえる近代――グローバル化の文化研究』門田健一訳、平凡社

佐川徹(二〇一一)『暴力と歓待の民族誌――東アフリカ牧畜社会の戦争と平和』昭和堂

佐川徹(二〇一九)「漁労を始めた牧畜民――ダサネッチにおける生業をめぐる文化的評価とその変化」『社会人類学年報』第四五号

宮脇幸生・利根川佳子(二〇一八)「国家・市民社会・NGO――エチオピアからの視点」、宮脇幸生編『国家支配と民衆の力』大阪公立大学共同出版会

Dereje, Feyissa (2011) "Aid Negotiation: The Uneasy "Partnership" between EPRDF and the Donors," *Journal of Eastern African Studies*, 5(4).

Ferguson, James (2006) *Global Shadows: Africa in the Neoliberal World Order*, Duke University Press.

Keeley, James et al. (2014) *Large-scale Land Deals in Ethiopia: Scale, Trends, Features and Outcomes to Date*, International Institute for Environment and Development.

Lavers, Tom (2016) "Agricultural Investment in Ethiopia: Undermining National Sovereignty or Tool for State Building?," *Development and Change*, 47(5).

Mains, Daniel (2019) *Under Construction: Technologies of Development in Urban Ethiopia*, Duke University Press.

Oakland Institute (2011) *Understanding Land Investment Deals in Africa, Country Report: Ethiopia*, The Oakland Institute.

Sexer, Martin and Ruben Andersson (2019) "The Return of Remoteness: Insecurity, Isolation and Connectivity in the New World Disorder," *Social Anthropology*, 27(2).

Tsing, Anna N. (2004) *Friction: An Ethnography of Global Connection*, Princeton University Press.

IV

人間と自然の間のネットワーク

第9章　ミャンマーの周縁の森から見た相互依存の連鎖

竹田晋也

はじめに

焼畑調査のために、二〇〇一年からミャンマー・バゴー山地のS村に通っている。英領期にカレン領域に指定されたS村では、カレンの人々が焼畑を営み、自給自足に近い生活を送ってきた。第二次英緬戦争のあとの下ビルマ併合を機にバゴー山地を中心に確立された指定林制度は、独立以降も森林局に引き継がれた。しかしビルマ独立後のバゴー山地はカレンを中心とする反ラングーン政府勢力の拠点ともなり、そもそも森林局職員が近づくことすら難しい時期が続いた。治安回復後には、軍政に対する西側諸国の経済制裁が続く中で限られた外貨収入源となったチーク材は過伐されていった。そして二〇一一年にテインセイン大統領政権が発足して以降、ミャンマーでは民主化と経済自由化の進展が期待されてきた。この急激な政治経済環境の変化は周縁の山村にどのような影響をもたらしているのであろうか。

S村では依然として焼畑陸稲栽培が日々の生活を支える一方で、道路がよくなり、海外出稼ぎも始まった。まだ電気も水道もない同村にも、中国製の安価な携帯電話用外部アンテナが竹竿の上で光っている。ちいさなソーラーパネルを電源にした竹竿アンテナ電話は、シンガポールに出稼ぎに行った娘と在村家族を結んでいる。ミャンマー周縁の森は、細い糸でしかし直接にグローバルネットワークにつながりだした。ではその森に住むひとびとは、グローバル／トランスナショナルな関係をどのように結びつつあるのだろうか。

一　英領ビルマのチーク材

ロンドン郊外のテムズ川南岸にグリニッジという港町がある。その町の丘の上にある天文台の旧本館に設けられた「エアリーの子午環」は、長らくグリニッジ子午線として世界の経度と時刻の基準となってきた。グリニッジ天文台旧本館の窓から地面に引かれたグリニッジ子午線を見ていると、この線の先に地球を正確な編み目で覆う緯度と経度が広がっていることを感じ取れる。

一八八四年にワシントンで開催された国際子午線会議(International Meridian Conference)で、グリニッジ子午線が国際的な経度0度の基準と決定された。日本においても、明治一九年(一八八六年)勅令第五一号「本初子午線経度計算方及標準時ノ件」で次のように定められた。

一　英国グリニツチ天文台子午儀ノ中心ヲ経過スル子午線ヲ以テ経度ノ本初子午線トス

一　経度ハ本初子午線ヨリ起算シ東西各百八十度ニ至リ東経ヲ正トシ西経ヲ負トス
一　明治二十一年一月一日ヨリ東経百三十五度ノ子午線ノ時ヲ以テ本邦一般ノ標準時ト定ム

海洋国家として世界を制したイギリスのグリニッジが、時刻の基準すなわち「経度の基準」となったのである。グリニッジ標準時(Greenwich Mean Time: GMT)が、国際的な基準時刻となり、世界各地域の標準時(standard time)もこれを基準とするようになった。これには時代の要請もあった。当時とくに著しい発達を見せていた鉄道の時刻表には、統一された標準時が必要であった。たとえばアメリカでは、一八七二年にグリニッジ子午線に基づいて国内を四つの時間帯に分けるまでは、一〇〇を越える地方時間が用いられていた。交通通信網の発達によって世界の異なる部分が緊密に繋がりはじめ、地球全体を一つの標準時間で統一する必要があった。大西洋横断電信ケーブルが何度かの失敗を越えて一八六六年に完成したとき、「世界は急速に、巨大な一つの都市になりつつある」とタイムズ紙が論じた。世界各地のローカルが一つのネットワークに繋がっていくグローバル化は、一九世紀後半には始まっていたのである。交通通信網の発達は、まずは領域の中で国内的に、そして国家の間で「国際的」に進展してゆくが、それがある閾値を超えると国境の存在にお構いなくネットワークが全球を覆うようになる。地面に引かれたグリニッジ子午線は、領域国家の意思とは無関係に南北方向に地球を縦に一周し、地球全体が一つであることを指し示しているように思えた。

さて、グリニッジ天文台の丘を北へ進み、テムズ川の川岸へと降りてゆくと、そこに一艘の帆船が係留されている。現存する唯一のティークリッパー「カティーサーク号」である。一八六九年に、イギリス・ダンバートンのスコット・アンド・リントン造船所で建造されたカティーサーク号の甲板には、ビルマ産のチーク材が使われている。チーク材は強靭で耐久性があって、しかも蠟成分を含むために、常に海水に洗われる甲板に最適な用材である。乾いたチークの甲板は、太陽光で脱色されて明るい灰色をしている。まっすぐに伸びたチーク板の間には防水用にタールが埋め込まれていて、黒いストライプになっている。この甲板に中国の港で新茶が積み込まれ、ロンドンへの一番乗りが競われた。

チーク材を必要としたイギリスは、一九世紀の初めまではインドのマラバル海岸からの出荷に依存していた。一九世紀の三回にわたる英緬戦争を経て、ビルマ全域が英領インドに併合され、新たなチーク供給源となっていく。第一次英緬戦争(一八二四―一八二六年)の結果、ヤンダボ条約が結ばれてアラカンとテナセリムが英領インドに併合された。次に一八五二年の第二次英緬戦争で下ビルマを、そして一八八五年の第三次英緬戦争によって一八八六年には上ビルマも英領インドに併合される。

第一次英緬戦争の後に、まずはモールメインからのチーク材輸出が急増する。モールメインはマルタバン湾に面した港町だ。遠くチベットに源流をもつサルウィン河口の町である。このサルウィン川に河口手前で合流するアタラン川流域のチークが、まずはじめに伐採されていった。一八二九年にチーク伐採の政府独占が廃止されて、自由放任主義に基づく民間木材会社の伐採がはじまると、一八四〇年代には同流域のチーク大径木はほぼ伐り尽くされた。伐境はサルウィン河本流を遡りはじめ、やがてボンベイ・バーマ商会(Bombay Burmah Trading Company)は、タイ(シャム)側に伐採権を得て、チーク材を生産するようになる。

ビルマとその後背地の森で育ったチークは、とくに一九世紀から二〇世紀にかけて、カティーサーク号をはじめ多くの船舶に利用された。海上交通だけではない。英領インドでは、一八五三年に三二キロメートルであった鉄道網は、一九一〇年には五万一六五八キロメートルまで発達した。強靭で耐久性のあるビルマ産チーク材は、鉄道の枕木として、そして植民地都市の拡大を支える建築用材として大量に求められたのである。チークの需要の高まりとともに、ビルマの森の奥深くにあったチークは、世界の木材市場の網の目に絡み取られてゆくことになる。

二　バゴー山地カレン領域の焼畑(1)

一八五二年の第二次英緬戦争後に下ビルマが英領インドに併合されて以来、バゴー山地では植民地政府主導のもとにチーク生産に特化し、択伐天然更新とタウンヤ造林を柱とする「科学的林業」(scientific forestry)が行われてきた。ここで「科学的林業」がかっこに入れられているのは、「科学的」管理を口実に地元住民による森林利用を制限して、チーク林からの歳入を最大化しようとした植民地経営に対する批判が環境史の論点となっているからである(Bryant 1997)。

下ビルマ併合から四年後の一八五六年に、ドイツ人植物学者のディートリヒ・ブランディスが森林監督官としてペグーに赴任する。そして一八五八年から英領ビルマの森林行政を統括するようになると、保続生産を可能にする択伐体系を考案し、さらにタウンヤ造林法と呼ばれる造林体系を試みた。

森林局を中心とした「国有林」の管理・経営の基盤となる国有林地の画定も着手され、一八七〇年五月に最初の「指定林(reserved forest)」がラングーン管区に設定された。木材生産のために重要な森林は、指定林として囲い込まれ、地元住民の利用が厳しく制限されることになる。さらに森林局は指定樹種(reserved species)を定めた。これは日本で木曽の森を管理していた尾張藩が、「留山(入山・伐採を面で禁止)」や「停止木(留木。樹種を指定して伐採を禁じたもので、ヒノキ・アスナロ・コウヤマキ・ネズコ・サワラの木曽五木が対象)」を定めたのと同じである。そこでは、留山とされない森は「明山」として地元住民の利用が認められていた。バゴー山地においても、国有林は指定林と非指定林に二分され、後者では地元利用が認められた。

バゴー山地で指定林の画定が進展するのは、一八八〇年以降である。当時のチーク伐採は、巻き枯らしから始まり、伐倒の後に近くの河川までゾウで牽引し、中流域で筏に組んで、河口の港まで流送した。バゴー山地東面ではシッタン川が流送河川となったので、指定林はシッタン川の支流流域を単位として設定されていった。一八八〇年にはカバウン指定林が設定され、一八九四年になってS村が位置するピュークン指定林が設定された。カバウン指定林は七六四平方キロメートル、ピュークン指定林は八六九平方キロメートルで、いずれも東京二三区よりも広い。この広大な指定林は、その中の小流域を単位とする林班(コンパートメント)として区切られ、その林班を単位として伐採作業や森林管理の計画が立案された。

しかし計画立案は、あくまでの机上の作業である。林地の画定作業で問題となってきたのは、地元住民に対する森林利用の制限である。ブランディスが、「もしも焼畑を権利として認めようものなら、バゴー山地全体でカレンが権利を主張しない森林は一平方マイルも残らないだろう」(Brandis 1876)と述べているように、一九世紀に「科学的林業」がバゴー山地に導入される過程で、森の中に散在するカレン焼畑耕作との軋轢が増していった。指定林からの厳しい排除や徴税を受けたカレンの人々は森林局に非協力的な態度や逃避行動をとったために、森林局は林業労働者を十分に確保できず森林経営にも悪影響を及ぼした。森の中で育林・素材生産をおこなうためには、カレンの人たちの協力は欠かせなかったのである。こうした非協力ゲームを打開するために、「タウンヤ造林法」と「カレン領域」という二つの妥協が生まれた。

「タウンヤ造林法」は、植栽木が幼齢で樹冠が閉鎖するまでの間、植栽木の間に農作物を間作する造林法で、参加農民は地拵えや植栽といった造林作業に従事する見かえりに、割り当てられた造林地で農作物を間作する。これにより除草・下刈りの手間と経費が省け造林の初期投資を軽減することができ、また山火事の侵入なども防止できて造林成績が向上する。

「カレン領域」とは、タウンヤ造林法とは関係なく指定林内で焼畑を行うことを森林局が認めた区域で、耕作者一人当たり休閑地を含めて一〇〇ヘクタール(二五〇エーカー)が上限とされた(谷一九九八)。バゴー山地がチーク指定林に塗り分けられていく過程でカレン領域が設定され、ピュークン指定林の場合、八六九平方キロメートルのうちの四割強の三八六平方キロメートルがカレン領域とされた。

車道も重機もない一九世紀では、ゾウやスイギュウを使ってなんとか近くの川岸まで牽引して、そこからは流送するほかにチーク丸太を搬出するすべはなかった。伐採作業もゾウやスイギュウを操るのも主にカレンの人々が担った。彼らの協力なしには森の中での作業は何一つ進まない。林地と林業労働力を安価に確保するための妥協の産物である「タウンヤ造林法」と「カレン領域」は、森林局とカレンとの相互依存関係を形成していった。

第二次世界大戦後の内戦期にはカレンの集住化が進められた（谷一九九八、速水二〇〇七）。一九四八年、ビルマの独立が、英連邦にも加わらない完全な形で実現した。しかし、ビルマ共産党やKNUP（Karen National United Party）などの反ラングーン政府勢力との内乱が続き、バゴー山地がその場のひとつになった。一九六二年になるとビルマ軍は四断作戦を展開するようになる。反政府勢力に対して、食料、資金、情報、兵士の供給を断つ作戦である。その中で指定林内の六つのカレン集落を集住させたのが、現在のS村の始まりである。一九七〇年代半ばには、反政府勢力はバゴー山地から一掃され、一九七〇年代末から森林局による森林管理が再開される。さらに国営企業であるミャンマー木材会社（Myanmar Timber Enterprise）による商業伐採が始まり、西側諸国の経済制裁が続く中で限られた外貨収入源となったチーク材は過伐されていった。カレンの村人たちはこうした戦乱と移住を経験しながら、カレン領域で焼畑を中心とする自給的な生活を営んできた。バゴー山地のチーク指定林の中の飛び地のようなカレン領域では、森の中で毎年少しずつ場所を変えながら今日に至るまで連綿と焼畑が営まれてきたのである。

三　カレン焼畑村の変化

私自身は、二〇〇一年一二月にカレン領域を初めて訪れることができ、そこでの焼畑の実態を把握するために、二〇〇二年よりS村で調査をはじめた。焼畑全筆について、その周囲をなるべく忠実に歩いてGPS位置情報を得るとともに、焼畑を開いた全世帯を対象に質問票を用いた聞き取り調査を実施した（竹田ほか二〇〇七）。二〇〇二年一一月の時点で、S村では六四世帯（三五五人）の内五九世帯が焼畑を耕作していた。五八世帯が各一筆を、残り一世帯のみが二筆の焼畑地をひらいていたので、合計六〇筆の焼畑地があった。

集落から半径約一キロメートルの部分は水源林・薪炭林として保全されているため、焼畑地は集落から半径約一キロメートルから七キロメートルの範囲に分布している。二〇〇二年には村の総面積四九七三・九四ヘクタール（A）に対して、当年焼畑六〇筆の総面積は一六一・四六ヘクタール（B）であった。筆面積の平均は二・六九ヘクタールで、許容最大休閑年数は三〇・八年（A／B）となる。一方、当年焼畑伐開地の平均休閑年数は一七・九年（平均休閑年数＝Σ（面積×休閑年）／当年焼畑の総面積）となった。ただしここでは天然林など休閑年数が不明なものは除外した。伐開時点での休閑年数が判明した四四筆を休閑年数別に見ると、休閑一三－一八年が全体の半数を占める。土地が十分にあってより長期の休閑を選択できるにもかかわらず、竹が混じった植生が伐開に適しているために十数年の休閑が選択されている。休閑地では五年ほど経つとタイワ（*Bambusa tulda*）やチャタウンワ（*Bambusa polymorpha*）などの竹が回復し、一〇年が過ぎるとそれに木本が混じり合った二次林となる。この休閑竹林は、伐開作業が容易でまた火を入れても良く焼けるので、S村の焼畑にとって重要な役割を果たしている（鈴木ほか二〇〇七、Fukushima et al. 2007; Chan et al. 2016）。

さて、二〇〇四年度から五年間の予定で始められた「バゴー山地緑化計画」によって、S村では村境の北辺を通る自動車道路沿いへの集落強制移転が始まった。移転が本格化した二〇〇六年には焼畑のほとんどが村域の北半分に分布し、焼畑筆数、面積ともに減少した。各世帯は、焼畑縮小による影響を木炭や竹などの林産物販売、二〇〇五年から始まった近隣での民間チーク造林地での作業、道路補修などの限られた賃労働収入で補っている。

二〇〇九年三月からタイワの一斉開花がはじまり、二〇〇九年秋の収穫と二〇一〇年の播種ならびに収穫の際にタイワの実を食べ大量発生したネズミの食害により陸稲生産は大きな被害を受けた。ここでも造林や道路補修などの賃労働収入で生計が補われている。二〇一〇年には村の北西部が民間チーク造林地となり、二〇一一年には自動車道路沿いで無線電話が開通した。また同村では二〇一〇年ごろから小規模ながらも谷地田造成による水田水稲作がはじまった。谷地田周囲の斜面にはバナナ、マンゴーなどの果樹とともにチークやピンカドが植えられ、現地では「水田アグロフォレストリー」と呼ばれている。二〇一二年に成立した農地法では、水田と常畑を対象に、土地利用証明書の発行を通じた小農土地保有の合法化が想定されているが、焼畑はその対象外である。S村にも、当時の土地政策変化の情報が断片的に伝わりつつあり、各世帯は将来の土地所有権確保を期待して「水田アグロフォレストリー」を進めていた。

二〇一二年に森林局が焼畑と水田の調査をして、指定林内の開墾農地として土地調査局に通知し、二世帯が水田に関して農地保有証明書を得た。しかし二〇一五年にS村の行政所属郡がO郡からP郡に変更され、農地保有証明書の発行手続が村人からみて不明確になった。それと前後して二〇一四年からは住民林業(community forestry)が導入され、いまではほとんどの世帯が住民林業の登録を望んでいる。住民林業の法的根拠は、住民林業令(Community Forestry Instruction 1995)である。五世帯以上で構成されるユーザーグループが住民林業の登録手続をすれば、三〇年間の森林利用が認められる。S村では親族間で五世帯のユーザーグループを作って、住民林業を申請する。実質的には個別世帯の林地となる。現在、S村では、三八ヘクタール（三九筆）の住民林業が認可済で、筆あたりの平均面積は〇・八ヘクタールである。さらに八〇〇ヘクタールの住民林業申請を準備中である。

現在の総世帯数である九六世帯が毎年〇・八ヘクタールの造林を一〇年間おこなえば七六八ヘクタールとなるので、八〇〇ヘクタールはほぼそれに匹敵する。実際には、村人は毎年の焼畑地を「住民林業」用地として登録し、そこで自らタウンヤ造林を行っている。すなわち休閑地を「住民林業」という名のチーク植林地としているのだ。これを一〇年も続ければ、新たな焼畑用地が不足して困るのではと村長にたずねてみたところ、住民林業用地は主に道路沿いや旧村付近なので、それよりも奥にはまだまだ焼畑のできる土地があるから問題はないという答えが返ってきた。

一方で、村の小学校を卒業後に町の学校に進学しさらに職を得て村には戻ってこない若者も登場しはじめた。進学できずに村に帰ってきたものの、寄宿学生の時代にすでに町の生活を知っているので、ヤンゴンの縫製工場などに働きにいくものもいる。一九世紀末のカレン領域制定から焼畑耕作が続くS村では、自給用陸稲生産という基本的な性格は変わらないが、道路通信事情が改善され、そして学校教育が普及する中で、市場経済との接合が少しずつ進行している。

四　焼畑システムでのムカゴコンニャク採集

道路事情が改善された結果、S村では非木材林産物の商品生産が盛んになってきた。ミャンマーのチン丘陵やバゴー山地では、ムカゴコンニャク(*Amorphophallus bulbifer*)の球茎が、焼畑を営む人々によって採集され、とくに陸稲収穫前の端境期には焼畑世帯の貴重な収入源となっている(Chan and Takeda 2016: Chan and Takeda 2019)。ムカゴコンニャクは、おもに日本と中国に向けた商品として森の中の自生芋が採集される。

日本では二〇〇七年四月のLDCに対する無税無枠措置の適用以降、ミャンマーからのこんにゃくいもの輸入が急増した。二〇〇八年以降、ミャンマーは日本向けこんにゃくいもの主要産地となり、二〇一八年に日本が輸入したこんにゃくいも二八三トンのうち三分の二にあたる一八七トンがミャンマー産である(石塚二〇一二、URL①)。だが、S村の人々はこうした経緯は知らない。二〇〇六年に道路沿いへと強制移転させられ、少し落ち着き始めた二〇〇八年にミャンマーからのムカゴコンニャクの輸出が活発化し、仲買人が買い付けに来村するようになる。S村の村域では、焼畑地と休閑地が残存林の間に散在し、ムカゴコンニャクやインドジャボク(*Rauvolfia serpentina*)をはじめとする非木材林産物が採集され、村民の現金収入源となっている。

ムカゴコンニャクは、焼畑地では地上部は刈り払われてしまうので、おもに古い休閑林と残存林から採集されていた。イら(Ei et al. 2017)は、ムカゴコンニャクについて、地下部バイオマス(球茎)を地上部部位の大きさから推定する相対成長式を求め、それを用いて休閑地と残存林で地下部バイオマスを比較している。最もよい相対成長関係を示した葉柄の地際直径からムカゴコンニャクの地下部バイオマスを推定し、休閑地と残存林で比較したところ、両者の地下部バイオマスの差異はなかった。

ムカゴコンニャクは、焼畑地では地上部は刈り払われてしまうが、次の年には休閑地になるので成長機会がある。特に休閑初期の三年ほどは、ヒマワリヒヨドリ(*Chromolaena odorata*)を主とする草本が密生するので村人が立ち入ることがなく、その間、ムカゴコンニャクの球茎は成長できる。さらにムカゴコンニャクの球茎採集時に切り捨てられる地上部には「むかご」も含まれている。このような焼畑民の作業が、ムカゴコンニャクの繁殖に役立っていると考えられる。ムカゴコンニャクに生子はできないが、種子の鳥散布が期待できる。

イら(Ei et al. 2019)は、幹線道路からの距離の異なるS村とK村の二カ村で、ムカゴコンニャクの採集頻度と採集量に関する世帯の生計戦略を比較検討した。採集世帯数と世帯内採集従事者数のいずれにおいても、幹線道路から遠いK村の方が多かった。幹線道路に近いS村では非木材林産物採集以外に多様な就労機会があり、採集従事者数はK村より少なかった。S村とK村におけるムカゴコンニャクの年間採集量(販売総額)は一一七五・八キログラム(一一七・六米ドル)と二二五四・六キログラム(二二五・五米ドル)であった。GISを用いて村域内におけるムカゴコンニャク採集地の分布を検討したところ、慣習的保護林や休閑林を含む、集落から三キロメートル以内の範囲での採集頻度がもっとも高かった。さらに集落から三キロメートル以上の範囲では、焼畑地周辺や、集落から焼畑地までの林道付近での採集が確認された。ムカゴコンニャクは、とくに家事労働の制約を受ける女性や子供にとっての現金収入源として重要であり、その生育立地と労働配分の組み合わせが、焼畑世帯の生計維持と森林の保続利用の両立を可能としてきた。

モンスーン林の野火や乾燥に適応した植物は、焼畑生態系での伐開や火入れによる攪乱にも強い。

また焼畑休閑地の植生回復では、木本の萌芽更新や竹地下茎による回復が重要である。混交落葉林の林床で育つムカゴコンニャクは、雨季の初めに球茎から地上部を発達させ、乾燥して野火も侵入する乾季までに倒伏し休眠する。こうした生育特性を持つことで、焼畑の伐開・火入れとも共存できているのである。焼畑休閑期間は八－一二年と、ムカゴコンニャクの生活環に比べて十分長い。S村は、英領期に設定されたカレン領域の歴史を引き継ぐ村落で、現在でも十分な休閑期間が確保されており、そのことがムカゴコンニャク採集の持続性維持に貢献している。

森の中に豊富にムカゴコンニャクが自生していることで、非常に安価な供給が可能となり、それがミャンマーの原料輸出を支えている。かといって、チークの択伐天然更新と同様に、自生するムカゴコンニャクを販売するだけで、見渡す限りの農地を造成するわけではない。これまでのところ、モノ（ムカゴコンニャク）とカネの移動は、自然の再生力と採集する村人の人力がおのずから律速となって、緩やかな速度で進んできたのである。

五　グローバル／トランスナショナルな相互依存の連鎖と焼畑民の生活の今後

ヒト・モノ・カネの自由な移動が地球規模で進展していく過程がグローバル化であり、そうした人間の諸活動が国家の枠組みを超えて展開される結びつきがトランス国家ネットワークだとすると、今後、S村はどのようにしてその過程と距離を保ち、焼畑民の生活はどうなっていくのであろうか。

東南アジアの近隣諸国とは異なり、バゴー山地ではグローバル／トランスナショナルな相互依存の連鎖はまだほんの弱いものにしかすぎない。S村の八割以上はカトリック信者で、日曜日には村人はみな民族衣装を身に着けて礼拝のため教会に向かう。初めて村を訪れた二〇〇一年一二月二日は日曜日であった。その時に目にした民族衣装は、焼畑で摘み取った綿花を手で紡ぎ、腰機で織り、ナンバンアイで染め、ジュズダマをビーズのように使って装飾したものであった。そこからS村では、自給色が強く、ごく最近まで政府からの規制をほとんど受けない焼畑が営まれてきたのだとの印象を受けた。これは、隣国市場経済の影響を受けるタイや中国との国境山地とはきわだって異なる。カレン領域の焼畑村落はミャンマーの中央部に位置しながらも、一見するとチーク林の大海に浮かぶ孤島のようであった。

経済制裁が科せられた軍政期には、タイ国境や中国国境に近いところほどそれぞれ隣国の経済圏に組み込まれ、ヒト・モノ・カネの移動が活発であった。バゴー山地はちょうどドーナツの穴のように国家領域の中心に位置し国境から最も遠く離れているために、ヒト・モノ・カネの移動契機に乏しい周縁となっていた。奇妙にも、国の真ん中にあるバゴー山地が「周縁の森」となってきたのである。

二〇〇一年からほぼ毎年バゴー山地に通っている間に、ミャンマーは歴史的な転換点を通過し社会経済状況も変化していった。二〇〇四年のキンニュン首相の更迭、二〇〇六年の行政首都ネピドーへの遷都公表、二〇〇七年のテインセイン首相就任と、軍政主導の政治体制改革への流れが始まった。二〇一〇年には新憲法に基づく総選挙が実施され、アウンサンスーチーの軟禁が解除され、テインセインの大統領就任の後、二〇一五年には総選挙でＮＬＤ（国民民主連盟）が圧勝し、ＮＬＤ党首のアウンサンスーチーが国家顧問と外務大臣を兼任して政権の実権を握る「事実上のアウンサンスーチー政権」が成立した。こうした民主化の流れを受け、二〇一六年に米政府はミャンマーに対する経済制裁を解除した。

森の奥深くにあっても、S村もそうした変化と無関係ではない。電気も水道も通じていないが、道路の状況が以前よりも良くなったので、ふもとの町からトラックやバイクで行商がやってくるようになった。村の高台では竹竿の先に電話機の外部アンテナがつけられ、ソーラーパネルで充電したバッテリーを使った携帯で外部と通話することができる。シンガポールに出稼ぎにいく女性も現れた。交通手段は徒歩のみで、通信手段はなかった以前と比べると、外部とよりつながるようになっている。

国外から「プロジェクト」も入り始めた。まず基礎生活分野(Basic Human Needs)である感染症対策や小学校改築などの医療・教育分野が先行した。JICA(独立行政法人国際協力機構)は二〇〇五年からバゴー山地でマラリア対策プロジェクトを開始し、一〇年間で大きな成果をあげている。以前はS村でも案内の村人が突然震えだしてマラリアの不調を訴えたり、またマラリアに罹患して焼畑伐開作業ができなかった世帯が散見されたが、最近ではマラリアを訴える人はほぼいなくなった。

つぎに温暖化対策プロジェクトや住民林業も始まった。村の雑貨屋には、REDD+のポスターも張られている。REDD+とは、二〇〇五年に開催された国連気候変動枠組条約(UNFCCC)の第一一回締約国会合(COP11)で提案された「途上国の森林減少・劣化に由来する排出の削減(REDD)」に、COP13の結果から森林炭素ストックの保全及び持続可能な森林経営ならびに森林炭素ストックの向上という考え方を追加したものである。

ただ、こうした国際的な経緯と村人は無縁である。医療・教育などは村人の生活に直接的に裨益するところが大きいが、「温暖化対策」はそうではない。突然やってきたREDD+をはじめとする「温暖化対策」は、村人の眼にはどのように映っているのだろうか。それは、これからの生活や農業にどのような影響を及ぼし、どのような可能性を提供してくれるのであろうか。

REDD+に代表される温暖化対策に共通するのは、自然の商品化だ。地球環境科学が予測する温暖化に対抗する「炭素クレジット」というアイデアは合理的であるように見えるが、自然の商品化の側面があることに常に注意が必要である。「温暖化対策」は、グリーン収奪(Green Grabbing)の危険性をはらんでいる(Fairhead et al. 2012)。「温暖化対策」が地域住民に対する過剰な森林利用制限など、「科学」に立脚した収奪の可能性をはらんでいる点は、植民地のチーク林経営の「科学的林業」と同じ構造である。

たとえばミャンマーで土地収奪が起こっているのは、森の中に暮らす住民の権利が十分に尊重されていない南部のアブラヤシプランテーション用地や、あるいは植民地時代に住民を完全に排除したバゴー山地の指定林を引き継いだ大規模民間造林地である。住民利用の希薄な森林は土地収奪の危険にさらされる。そうであれば、むしろ住民がかかわることが森林そのものの保全に役立つだろう。S村を考えると、底地は国有指定林である。しかし地上部にカレン領域が設定されている。その中で最近になって住民林業が認められた。こうした重層性は外部からの土地収奪に対して抵抗性がある。

現在、普及しつつある住民林業は、指定林・カレン領域・住民林業という三層の構造を形成することにより、国有林内での住民の林野利用という土地利用・保有の重層性をうまく追認している。外部からの土地収奪のリスクをなくす一方で、個々のユーザーグループは休閑地を造林地として確保している。外部からの土地収奪を抑制し、内部での重層的な利用保有関係を追認維持する「あいまいさ」を確保する仕組みとなっている。今後この森にREDD+に続くような温暖化プロジェクトが国境の向こう側から持ち込まれる可能性は高いが、外部からの土地収奪を抑制することができれば、プロジェクトの利点をうまく活用していくことも可能となる。

住民林業では、焼畑の休閑地が毎年次々と「チーク林」になってゆくので一〇年もたてばこれまでの焼畑休閑地のすべてが造林地となってしまう。こうした経緯を経て、二一世紀のバゴー山地では、非農就労と谷内田とチーク林経営とを組み合わせた農家林業が出現する可能性もある。それはすでに隣接する北部タイで実現している景観だ。

ミャンマーは森の国と言われてきた。二九万四一〇平方キロメートルの森林面積は、国土面積六七万六五八〇平方キロメートルの四三%を占める(FAO 2015)。その森とそこで暮らす人々が、これから外部社会とどのような関係を取り結んでゆくのか。若年層を中心に、出稼ぎが増加しているのは、S村に限らずミャンマー農山村全体の傾向である。農耕社会から産業社会へと変化するプロセスである産業化に、若年層が積極的に対応して「出稼ぎ」をしていると捉えることもできる。今後ミャンマーでは、産業化の進展とともに農村住民が小農的な生産様式から離れてゆく「脱農業化」が徐々に進むと考えられる。出稼ぎにより人口が流出する一方で、非農業活動が生計の中で重要性を増し、収益性の低い小規模家族農業を補っていくことで、農山村の持続性が保たれるのではないだろうか。ここでも北部タイのカレン村落のことが思い出される。教育を受け、一度は低地社会に出てゆくものの、村に戻って新しい農業を始める若者も多い。高原野菜の生産と観光業を軸に、山村で新しい自律的な生活を営んでいるのである。ミャンマーの複合社会を森の中で生きてきたS村には、その可能性は大いにあるように思えてならない。

焼畑は移動性という特性を持つ農業体系である。この移動性は英領期にはチーク林業経営との共存を可能にした。そして国有林地の中で用益権が認められてきた「カレン領域」で焼畑を続けて家族農業を守りつつ、農外就労にも少しずつ踏み出しつつある。土地に完全には縛られない移動性は、しなやかで自律的な生活を可能にしている。

いま世界各地の人々は、新型コロナウイルス感染症の拡大にともない封鎖された大都市の中で逃げ場所を失った小動物のようにじっと息をひそめている。そして携帯電話の位置情報までが感染防止に活用されようとしている。グリニッジ天文台を起点とした緯度経度の網の目の中に個々人の行動が正確に位置付けられるまでになった技術進化にあらためて驚かされる。しかしこの技術のおかげで、二〇〇二年からの焼畑調査で精度の高い焼畑地図を作製することが可能となり、それは二〇一四年からのS村の住民林業登録の過程で役に立った。緯度経度の網の目に国境はない。バーチャル地球儀システムのグーグル・アースでS村を見ると、緑の樹冠が広がる中に焼畑が点在している。これまで「焼畑」は、粗放な土地利用として改善・開発・転換の対象とされてきた。しかし新型コロナウイルス感染症を経験した世界で、森林と生物多様性の保全があらためて重要な課題として浮き上がってくると、焼畑システムと焼畑民の生活のありようは、「新生活様式」のあるべきひとつの方向を示してくれると思う。ヒト・モノ・カネが行きかう濁流から抜け出すことのできないような相互依存に陥るのではなく、焼畑に軸足を置いて自給力と森のゆたかさを維持しつつ、グローバル／トランスナショナルな関係を主体的に結んでいける可能性がそこにはあるのではないか。

注

（1）本章でのカレン領域とS村の記述は、竹田ほか（二〇〇七）、竹田（二〇一七a、二〇一七b）を改稿・加筆した部分を含んでいる。

参考文献

石塚哉史（二〇一二）「関税制度移行下におけるこんにゃく貿易の変容に関する一考察――ミャンマー・中国産こんにゃくの対日輸出を中心に」『弘前大学農学生命科学部学術報告』第一四号

鈴木玲治・竹田晋也・フラマウンテイン（二〇〇七）「焼畑土地利用の履歴と休閑地の植生回復状況の解析――ミャンマー・バゴー山地におけるカレン焼畑の事例」『東南アジア研究』第四五巻三号

竹田晋也・鈴木玲治・フラマウンテイン（二〇〇七）「ミャンマー・バゴー山地におけるカレン焼畑土地利用の地図化」『東南アジア研究』第四五巻三号

竹田晋也（二〇一七a）「バゴー山地カレン村落と焼畑土地利用の変容――一五年間のモニタリング調査から」『東南アジア学会会報』第一〇七号

竹田晋也（二〇一七b）「カレン領域における境界画定と住民林業」、奥田敏統編『温暖化対策で熱帯林は救われるか――住民と森林保全の相利的な関係を目指して』文一総合出版

谷祐可子（一九九八）「山地民と林業政策――ミャンマー連邦バゴー山地におけるカレン人の焼畑に対する「森林村」制度の影響」『東南アジア研究』第三五巻四号

速水洋子（二〇〇七）「家と家をつなぐ――バゴー山地カレン焼畑村から」『東南アジア研究』第四五巻三号

Brandis, Dietrich (1876) *Suggestions regarding Forest Administration in British Burma*, Calcutta.

Bryant, Raymond L. (1997) *The Political Ecology of Forestry in Burma, 1824-1994*, Hurst & Co.

Chan, Nyein, Shinya Takeda, Reiji Suzuki, and Sota Yamamoto (2016) "Assessment of biomass recovery and soil carbon storage of fallow forests after swidden cultivation in the Bago Mountains Myanmar," *New Forests*, 47 (4).

Chan, Nyein and Shinya Takeda (2016) "The Transition Away From Swidden Agriculture and Trends in Biomass Accumulation in Fallow Forests: Case Studies in the Southern Chin Hills of Myanmar," *Mountain Research and Development*, 36.

Chan, Nyein and Shinya Takeda (2019) "Assessing Wa-u agroforestry in the course of swidden transformation: a case study in southern Chin State, Myanmar," *Small-scale Forestry*, 18.

Ei, Yasuyuki Kosaka and Shinya Takeda (2017) "Underground biomass accumulation of two economically important non-timber forest products is influenced by ecological settings and swiddeners' management in the Bago Mountains, Myanmar," *Forest Ecology and Management*, 404(15).

Ei, Yasuyuki Kosaka, Noppamas Soonthornchareonnon, and Shinya Takeda (2019) "Swiddeners' Household Strategies for the Wild Harvest of *Rauvolfia serpentina* and *Amorphophallus bulbifer* in a Karen Swidden System in the Bago Mountains, Myanmar," *Economic Botany*, 73(2).

FAO (2015) *Global Forest Resources Assessment 2015*, Food and Agriculture Organization of United Nations.

Fairhead, James, Melissa Leach, and Ian Scoones (2012) "Green Grabbing: a new appropriation of nature?," *The Journal of Peasant Studies*, 39(2).

Fukushima, Maki, Mamoru Kanzaki, Hla Maung Thein, and Yazar Minn (2007) "Recovery process of fallow

vegetation in the Traditional Karen Swidden Cultivation System in the Bago Mountain Range, Myanmar,"
『東南アジア研究』三五(四)

URL

① https://www.customs.go.jp/toukei/info/index.htm(二〇二〇年九月二〇日閲覧)

第10章 「イラク菌」と介入の病理——細菌という「記録」

ウマル・デワチ[1]
酒井啓子 訳

はじめに

二〇〇三年のアメリカによるイラク攻撃の直後から、米軍の軍医がある「みえない敵」について報告するようになった。彼らはそれを「イラク菌」と呼んだ。このあだ名は、負傷した米兵の間で深刻な感染を引き起こしたアシネトバクター・バウマニ菌(*Acinetobacter baumannii*)のことを指している。その後、米メディアでは、この細菌を過大に取り上げた報告が相次いだが、このようなあだ名を使うことで、この菌が米軍のイラクからの撤兵に沿って、イラクにある米軍の野戦病院からアメリカに持ち込まれたのだ、ということが示唆された(Silberman 2007)。アメリカでは、「イラク菌」は非軍人の患者にもまた感染していた。

二〇一二年、公共放送が放映する一般向け科学番組、「NOVAサイエンス・ナウ」では、「殺人細菌」というタイトルで、「イラク菌」の話題を取り上げた。番組のレポーターは、この危険な戦争感染症の流行を以下のような不吉な表現で語った。

「戦争に引き割かれたイラクの街中には、銃を持たない殺人者が徘徊していて、負傷した米兵を攻撃している…容疑者はバウマニと呼ばれる細菌で、イラクでは「イラク菌」と呼ばれている。バウマニというのは、一九六八年にそれを研究した細菌学者のポール・バウマンから取られた名だ。しかし彼すら、この微小な単細胞生物がその後どのようになるのか、予測することはできなかった。他のほとんどの細菌同様、それはコロニーのなかで生き、単純に分裂を繰り返すことで常に再生産される。一個の細菌がわずか一日で五〇〇万兆まで増加する。この微生物は、比較的害のないものだった。だが、何らかの形で、それは薬に耐性の強い殺人鬼に変質する方法を見つけた、というわけだ」

軍医や科学者が直面した課題とは、この細菌が最強の抗菌薬に対してすら耐性を持つ能力を増大させることであり、病院のベッドやドアノブ、医療機器などの固い表面で数週間生存するということである。話題はさらにこの細菌についての微生物学的詳細にまで踏み込み、いかにこの「元来は人に無害だった細菌」が戦争という環境のなかで主要な脅威になったかが説明された。この細菌はそれ以外の健康体には感染を引き起こさない――むしろ免疫システムが低下した患者や戦争での負傷者などのような深部組織に損傷を負った患者を、日和見的に対象とする。院内で、患者が長く人工呼吸器につながれている集中治療室でこの菌が出現することは、以前からあった。

アシネトバクター・バウマニ菌は、それが接触を持った他の細菌から抵抗性遺伝子を獲得する傾向が強い。この細菌は菌膜（バイオフィルム）を形成するように徐々に発達する——そこでは、細菌集団が相互に付着しあって表面の固い物質の上で生存し、殺菌剤に対して耐性を持つという現象がみられる。より重要なことは、バイオフィルムによって細菌は相互にコミュニケートし、遺伝子情報を交換し、広い範囲の抗菌薬に対して耐性を獲得していることである。上記の番組に登場した科学者の一人は、この細菌の遺伝子構造を検査したところ、それがいかに複数の抵抗性遺伝子がそのDNA構造のなかに濃縮されているかを示し、細菌がそれを取り巻く環境から得た抵抗性遺伝子の保管庫のようになっていることを描いている。

上記番組NOVAでは、細菌を取り上げたメディアの報道や科学的言説と同様、「対テロ戦争」の比喩がちりばめられていた。細菌は「みえない敵」とか「血液の反乱者」と描写され、また病原体に対する「イラク菌」という名付け自体が、戦争の色彩を帯びたセンセーショナルなものとなっている。しかしながら、この耐性菌は、米軍のイラク攻撃の前からアメリカ国内の軍病院や軍事分野以外の環境で散発的にその発生が報告されていた。さらに、紛争地域一帯や、レバノンやシリア、ガザ、イエメンなど中東での主要な治療センターからの報告は、この病原体がこれらの医療環境での創傷感染の主要な原因のひとつとなっていることを示している。

つい最近まで、イラクでのアシネトバクター・バウマニ菌に関する報告は、米軍によってなされていたが、ここでは、全般的に軍内で感染が拡大したのは以前の戦争に比べて負傷者が死亡する比率が少なくなったからだ、という、経験的にありえない報告がなされている。創傷は「環境由来の生物を医療現場に持ち込み」やすい(Black et al. 2006)。また、この細菌の耐性の増大は、軍人用であれ市民用であれ傷病兵や文民が治療を受けている病院が汚染されたからである、とする指摘もある(Camp and Tatum 2010)。

しかし、「イラク菌」のイラク戦争との関係は、もう少し複雑で論争が必要なものである。その謎の核心にあるのは細菌の出現が戦争に由来するのかどうか、ということではなく、この細菌の耐性の増大が軍事活動や介入によってもたらされたかどうか、という点だ。イラク戦争中にこの細菌に関する報告が増えたことで、この不名誉な名前がついたわけだが、それが地域のあちこちで見られる細菌であるにもかかわらず、「イラク菌」が特にイラクにどう関連しているのかについてはさほど関心が寄せられていない。

「イラク菌」の登場は、より環境要因に着目したアプローチを導入し、戦争というエコロジーに焦点を合わせることで、その原因を追究し、おそらくより説明することができるだろう。というのも、それはイラク固有の本質的な問題に関係しているというよりは、過去数十年間にイラクで起きた戦争の結果の問題だからである。「イラク菌」について何が「イラク的」かといえば、数十年にわたる制裁によって生じた環境劣化や空爆作戦、軍事介入が、当たり障りのない細菌を薬剤耐性を持つ危険な菌株へと変質させたことに、より注目することができるだろう。

一　「イラク菌」と歴史の生物学

医療をもとめて移動する紛争地域の患者たち

筆者が最初にアシネトバクター・バウマニ菌の感染について知りえたのは、二〇一一年「アラブの春」直後に、紛争が原因で生じた創傷についてのエスノグラフィックな調査を行っていたときのことである。二〇一二年、筆者は、ベイルートの公立及び民間の高度技術病院での健康管理を求めてレバノンを訪問するイラク人負傷者の経験を記録するという、エスノグラフィックなプロジェクトに取り掛かった。そこで患者は、癌治療や再建手術を含めたさまざまな形の医学的、外科的治療を求めていた。なかには、イラクとベイルートの間を繰り返し行き来する患者もおり、月一回の化学療法やイラク国内で受けた創傷の再建手術を受けるために頻繁に飛行機で移動していた。患者とその家族は、イラク国内で医療インフラが戦争で崩壊し、質の良い健康管理が得られないか医療体制が信用できないため、良質の医療を求めてやってきていたのである(Dewachi et al. 2018)。

こうした移動は、より広範にみられる医療目的の旅行の一部であり、イラクやガザ、シリア、リビア、イエメンでの紛争地域と戦争でつながっているレバノンやヨルダン、トルコ、イラン、インドといった域内の人道目的のための病院や医療ハブとの、一種の「治療地理学(therapeutic geography)」を描くものである(Dewachi et al. 2014)。

しかし、特にベイルートの病院では、イラクの症例は地元の医者にとって重大な臨床上の挑戦となっているようだ。その病院では、大量のイラク人負傷者の流入によって外科医の仕事量が大幅に変わってしまったが、その外科医は「我々はイラクから多くの困難な症例を見ている」と述べた。彼は言う。「多くの症例は極めて攻撃的なタイプの創傷感染を示している。われわれは、自爆攻撃や「イスラーム国」との闘いで負傷した患者の間で、複数の薬剤耐性を持つ細菌に高い確率で直面し、これと戦っている。これらの微生物は他の患者に伝染しうるため、しばしば一般病棟に入れる前の段階でイラク人たちを隔離することになる」。

このベイルートの病院の患者の記録によれば、同病院で処置されたイラク人負傷者の症例の、最低でも半分が複数の薬剤耐性を持つ感染症を抱えており、その多数がアシネトバクター・バウマニ菌によるものだった。同じ病院で処置されていたシリア内戦で負傷した人々の症例の多くが、アシネトバクター・バウマニ菌の比率は若干少ないものの、似たような感染状況を示していた。他の地域の病院や人道支援団体に問い合わせた結果、シリア（Abbara et al. 2018）、ガザ（Kanapathipillai et al. 2018）、イエメン（Loewenberg 2018）やリビアでもこの病原菌の広い範囲での拡散が確認された。いずれの地域も、介入と戦争を経験した地域である（Lohr et al. 2017）。この問題は、域内の民間病院や人道医療病院における戦争で負傷した多数の患者を治療することの困難さ、薬剤耐性の強い微生物がコロニーを形成するという風土病的問題を取り扱ううえで、これらの病院が抱える混乱を反映している――つまり、長く続いている公共衛生面における問題、患者や医療システムの財政的負担という問題である。

記録としての細菌

アシネトバクター・バウマニ菌を含めた一般的な薬剤耐性の強化を医学的に説明する際、院内の感染症コントロールが不十分であることや抗菌薬の乱用がしばしば指摘される——そしてそれは、戦時下において往々にして悪化する。しかし、この説明では、戦争という複雑な文脈とそれが抗菌薬に対する耐性を巡る生態的変化にどう影響を与えたかについて、十分に答えることができない。

一方で、筆者がインタビューしたイラク人は、この厄介な感染症の原因について、両義的な答えを示した。感染症は、「治安の不在」や「腐敗」、「アメリカ」「宗派主義」「ストレス」「サッダーム・フセイン〔前大統領〕」など(2)、幅広い問題からくるものとみなしたのである。彼らのナラティブは、一般論的であるし混乱しているとはいえ、こうした病いが有害物に溢れた歴史と生態のなかで政治的、環境的、社会的に広く絡み合って、人々の日常的なサバイバルの条件を作り上げていることを示している(Dewachi 2013)。

直感や想像、さらにはこの地域で戦争や負傷する機会が多いというエスノグラフィックな証拠から考えれば、「イラク菌」の不可思議さとそれが戦争という舞台で耐性を強めることについて、多くの歴史的、環境学的な仮説を立てることができるだろう。これらの理論は、戦争による介入という歴史を理解することと、その細菌学的、環境学的な遺産に基づいている。この手の分析は、今日のポスト工業化生活における薬剤耐性(antibiotic resistance)の強化を研究する上で、科学史家のハンナ・ランデッカーの「歴史の生物学」の概念に依拠している(Landecker 2016)。歴史の生物学とは、人間の歴史が細菌の存在によって物理的制約を受けると考えるものだが、ランデッカーは工業的規模で抗菌薬が大量生産されたことによって、いかに今日の細菌に生物学的進化が生まれたか、いかに薬剤耐性が大規模に今日グローバルに存在することになったのかを説明する。彼女は、ひとつの病原体を対象にした個々の治療を工業的に大規模生産すること、あるいは畜産農場で大量の抗菌薬を使用することは「環境的な出来事(environmental events)」であり、我々が個々人の身体に無秩序に抗菌薬を使用すること以上に、細菌の進化に影響を及ぼすものである、と論じる。

ランデッカーの考え方をさらに進めると、人間の活動と薬剤耐性の進化がダイナミックに交錯していることをローカルかつグローバルに考えるために、「歴史の物質性と物事の歴史性」についてさらに弁証法的に考えることができるだろう。歴史の生物学では、細菌は変容する人間の生態を記録した古文書(archive)なのだ。歴史上の、あるいは現代の細菌や土壌のサンプルを遺伝子学的に分析することで得られる情報は、薬剤耐性が歴史的にどう進化してきたのかについて、我々にさまざまな見識を与えてくれる。

さまざまな紛争地域のアシネトバクター・バウマニ菌をサンプルにした「記録」プロジェクトは、どのような様相をしているだろうか？　イラク菌の薬剤耐性を作り上げた政治的、環境的出来事や経緯の、どのような歴史が浮かび上がってくるだろうか？　戦争の生物学を記録した分析はまだ存在しないものの、イラクにおける戦争と介入の歴史的文脈を理解すること、そして戦争という有害な遺産が薬剤耐性を高めたその潜在的な方法を理解することを土台として構築されたと考えられる理論は、数多く存在する。

二　抗菌薬の無秩序状態

イラクにおける戦争の連続

一九八〇年以来、イラクはあらゆる側面で軍事化を経験したが、そのことは薬剤耐性が高まったことに深刻な影響を与えたものと考えられよう。その最初の戦争であるイラン・イラク戦争(一九八〇―一九八八年)は、二〇世紀で最も長期にわたった通常戦だとみなされている。イラン、イラク両国の国境全体で戦闘は行われ、一五〇万人(主として軍人)近くが死傷した。両国での治療は比較的先進的な技術を持つ軍事病院で行われ、そこでの薬剤耐性はほぼコントロールされていた。だが、主として前線地域で行われていたイラン・イラク戦争と違って、[湾岸危機の発生を含めた]湾岸戦争(一九九〇―一九九一年)とその後の対イラク経済制裁(一九九〇―二〇〇三年)は、イラクの国家的インフラを破壊し、イラクのかつては先進的だった医療ケアシステムを掘り崩した(Dewachi 2017)。一九九一年の米軍による大量空爆はイラクの電力、浄水、通信ネットワークといった生命線を攻撃対象とし、医療ケアの提供を厳しい状況に追い込むこととなった。一二年間の経済制裁下の体制で、医療ケア従事者は海外に脱出し、一般的な感染症治療に最初に使用される抗菌薬などの基礎的な医療供給が多く削減された。その結果、子供や妊産婦の死亡率はうなぎのぼりに上昇することとなった(Ascherio et al. 1992)。

二〇〇三年の米軍のイラク侵攻とその後の占領は、イラク全国に対する直接の襲撃であり、それによってイラクの諸都市で大虐殺が起き、かつてない政治的暴力、死、戦争による損傷が引き起こされた。ほぼ一〇年の間、反乱鎮圧のための軍事行動と抵抗運動の軍事作戦によって、イラクの都市部やその周辺地域の風景は、［宗派、部族、地縁集団など］共同体をベースとした政治暴力が横行する戦闘地域へとその様相が変化し、そこでは健康の基本が激しく侵されることとなった。［米軍・抵抗勢力］双方の軍事作戦やテロ攻撃によって、数十万人のイラク人が殺害、負傷したと推測されている（Burnham et al. 2006）。暴力や損傷を視覚的に派手に演出するために、自爆攻撃は特に市場やモスク、混雑している道路など人口の密集した公共空間を狙ったが、そうした密集空間では砲弾の残骸が飛び散ったりけが人が近くにいることで、そうした傷の汚染がますます進むことになった。

戦争・制裁下での臨床記録不在という問題

生物学とイラクの戦時下の生態の歴史との結びつき、相互の影響を理解するために、以下のことに留意しなければならない。それは、一九八〇年代に残された文献やイラク人細菌生物学者とのインタビューや会話からわかったことだが、イラン・イラク戦争中にはアシネトバクター・バウマニ菌は感染菌として知られていたわけではなかった、ということである。軍医にとっても民間医にとっても臨床上の問題であった薬剤耐性に起因する問題は、たとえば緑膿菌や黄色ブドウ球菌などの他の細菌から生じたものであった。アシネトバクター・バウマニ菌についての中東における初期の記録は、一九八〇年代、レバノンからもたらされており、そこではベイルート・アメリカン大学の細菌生物学者が一九八四年にイスラエルがシューフ山地を爆撃した際に負傷した患者の治療を行った後、その菌の院内感染が報告されている（Matar et al. 1992）。次にこの病原菌が報告されたのは一〇年後、一九九四―

九五年にサウディアラビアの集中治療室で治療を受けていたクウェートの患者のケースであった。一九九九年にはトルコのマルマラ地震の後に、また二〇〇二年にはサウディの新生児用集中治療室で、感染が報告されている。

しかし、アシネトバクター・バウマニ菌について九〇年代にイラクで報告されていないということは、この菌がそこになかったことを意味するわけではなく、単にこの期間に薬剤耐性に関する実際の報告がなされていなかったことを意味している。多くの実験用の消耗品は入手不能か期限切れで、細菌生物学的な培養は正確な結果を示していなかった。外科用縫合糸やディスポーザブルの手袋などの治療道具は、たいていの場合繰り返し使用された。こうした状況によって、病原菌についての情報が失われたばかりでなく、監視体制、衛生システムが崩壊して感染症へのコントロールが急速に衰退することとなった。

経済制裁下のイラクで医療設備の日常的な不足と悪化に呼応して、イラク人の医者たちの間では、院内感染という喫緊の問題に対処するため、院内での外科的処置のための予防的戦略として広範囲に抗菌薬を使用することが一般的になった。つまり、医者はそれぞれの症例に対して、ありうる細菌や微生物による感染を広くカバーするために、三種類の抗菌薬を処方したのである。

院内での感染コントロール崩壊とその対応としての抗菌薬の過剰使用という状況は、一二年間にわたり国連の経済制裁によって、抗菌薬の供給とそれへのアクセスが頻繁に閉ざされたことで、一層複雑化していった(Gordon 2012)。ある日ある種の抗菌薬が使用可能になったかと思うと、翌日には消えている。医者は抗菌薬を定期的に変えることになったが、それは治療計画に基づいてのことではなく、その抗菌薬が入手できるかどうかによってであった。患者とその家族は海外在住の親族に［薬を］供給してくれるように頼みこむが、それができなければ、偽造品や期限切れのものとともに国のあちこちの薬局に保管されている希少な抗菌薬をなんとか探し出すしかないのだった。この抗菌薬の無秩序状態こそが、イラクにおける薬剤耐性という現在の生態をもたらした遠因である。

果たして「イラク菌」は、湾岸戦争と経済制裁によってもたらされた抗菌薬の無秩序状態の副産物なのだろうか？　イラクの文脈においては、薬剤耐性がどの程度だったのかを記録した研究はないが、院内の、特に負傷患者に対する治療実践は、今でも頑固な感染症に左右され続けている。一方で、二〇〇三年以降国際制裁が解除されたことで、さまざまな種類の抗菌薬が再び導入された。医者や薬剤師が説明するには、しばしば患者の間ではアモキシシリンのような第一選択薬では効かないのではないかという危惧があるために、彼らにはよく第三、第四世代の抗菌薬が最も頼りになるとして処方されるのだという。ある薬剤師は、こうした［第一次抗菌薬の］薬剤をしつこく拒否する患者を称してこう言った。「私たちの「細菌」も抵抗するので」。

三　有毒物の遺産

抗生物質の無秩序使用という説に加えて、別の仮説として、イラクのケースにみられることだが、戦時下で薬剤耐性が高まることと、戦争によって生じた環境面での有害な遺産(toxic legacies)が結びついていることが指摘できる。過去二〇年間の科学的文献は、重金属による汚染と細菌の耐性が急速に進化することの間に関係があることを示している。戦争地域では、大規模なインフラが粉砕されたり大量の武器弾薬が爆発することで有害物質が残されるため、このような金属物質の環境濃度は、各段に高まりうる。工業、農業における汚染状況を調査した研究によれば、土壌や水が重金属で汚染されるとアシネトバクター・バウマニ菌の薬剤耐性が高まりうる(Matar et al. 1992)。これは科学用語では交差耐性として知られ、組織はある物質にさらされた結果別の物質に対する耐性を強めるというものである。

重金属は、自然環境上普通に存在するもので、重金属の特徴は地域ごとにそれぞれ独特の地史を有している。この環境システムに、戦争が新たな要素を持ち込んだ——武器や爆弾で破壊されたインフラ、石油の流出や火災、工業施設や病院、農場などの破壊によって。この過程は、生態環境の破壊を特徴とする自然災害や人災、そして汚染を長引かせるような復興の失敗に呼応して、薬剤耐性の強化が起きる傾向にあることを示している。このように耐性と破壊は共生関係にあるわけだが、戦争という状況下で環境的な汚染によってもたらされる薬剤耐性という問題の規模や広がりについての研究は、まだ十分になされていない。

おわりに——介入の病理

「イラク菌」というあだ名は、薬剤耐性の強い「スーパーバグ」を表現するのに使われた用語だが、それは米軍がイラクで負傷を受けたこととそれがアメリカに持ち帰られたことに結び付けられている。

微生物とイラクを結び付けるという人種差別的な含みのある表現だが、「イラク菌」の「イラク」とは何かと問うことは、過去数十年間にわたる戦争と介入と、イラクやその他中東の紛争地域で薬剤耐性が幅広く強まっていることの関連性について解きほぐすことにもなる。

爆撃作戦から始まり、制裁、全面的な侵攻、「テロに対する戦い」に至るまで、イラクは数十年にわたり欧米による介入の前線にあり、そこでは人々が住む環境システムが一変した。このような文脈のなかで、「イラク菌」は以下の積み重ねの上にたつものであるといえよう――数十年間の軍事化と負傷、感染症コントロールとインフラの崩壊、制裁によって起きた抗菌薬の過剰使用や間違った使い方、質の悪い薬物や偽造薬品の蔓延、自然環境および生態環境の破壊と汚染。これらすべてが、数十年の戦争の間に残された有害な遺産を形作るものであり、その遺産はこの間イラク人の損傷と肉体、そして彼らの医療事業のなかに生き延びてきた。

数十年間の軍事化、損傷の生態的変化、そして薬剤耐性に潜在的関係があることを前提として、戦争についての歴史記録に何を含めなければならないかを再考し、分析枠組みを広げなければならない。このような歴史は、細菌の遺伝子情報に刻み込まれている部分があるかもしれず、現在の遺伝子配列解明技術ならその刻み込まれているものを特定できるかもしれない。細菌における遺伝子系統図を、政治的出来事の歴史と医療実践の変遷に重ね合わせて考えたら、何がみえてくるだろう？　歴史と生物学の関係を理解するためには、実験科学者と環境学者、そして臨床医が歴史家や文化人類学者と共同して、細菌の遺伝子構造のなかで耐性が歴史的にどのように接合されてきたのかを追跡するための、科学的調査努力を行う必要がある。細菌の遺伝子情報を時間的、空間的に解明することは、微生物学的な経歴と、戦争・介入の経歴や生態を結びつけるための最初の一歩になるだろう。「イラク菌」こそが、真の介入の病理である。それは残酷な歴史の記録であり、イラク人たちの傷の底に流れるものの発現であり、それらを取り巻く環境の遺伝子構造を表すものである。

訳注

（1）本章はもともと二〇二〇年三月九日付けで『ＭＥＲＩＰ』誌(Middle East Research and Information Project)に、“From the Archive: Iraqibacter and the Pathologies of Intervention”のタイトルで英語にて発表された論文である。なお、訳出には、清野薫子氏より多数の助言と協力を得た。ここに深く感謝申し上げる。

（2）以下、［　］内は、訳者による補足。

参考文献

Abbara, Aula, Timothy M. Rawson, Nabil Karah, Wael El-Amin, James Hatcher, Bachir Tajaldin, Osman Dar, et al.（2018）“A Summary and Appraisal of Existing Evidence of Antimicrobial Resistance in the Syrian Conflict,” *International Journal of Infectious Diseases: IJID*: Official Publication of the International Society for Infectious Diseases, 75.

Ascherio, Alberto, Robert Chase, Tim Coté, Godelieave Dehaes, Eric Hoskins, Jilali Laaouej, Megan Passey, et al.（1992）“Effect of the Gulf War on Infant and Child Mortality in Iraq,” *New England Journal of Medicine*, 327(13).

Black, Robert E., Laura B. Sivitz, and Abigail E. Mitchell（2006）*Gulf War and Health: Volume 5: Infectious Diseases, Institute of Medicine*, Board on Population Health and Public Health Practice, National Academies Press.

Burnham, Gilbert, Riyadh Lafta, Shanon Doocy, and Les Roberts (2006) "Mortality after the 2003 Invasion of Iraq: A Cross-Sectional Cluster Sample Survey," *The Lancet*, 368(9545).

Camp, Callie and Owatha L. Tatum (2010) "A Review of Acinetobacter Baumannii as a Highly Successful Pathogen in Times of War," *Laboratory Medicine*, 41(11).

Dewachi, Omar (2013) "The Toxicity of Everyday Survival in Iraq," *Jadaliyya*, August 13.

Dewachi, Omar (2017) *Ungovernable Life: Mandatory Medicine and Statecraft in Iraq*, Stanford University Press.

Dewachi, Omar, Anthony Rizk, and Neil V. Singh (2018) "(Dis)Connectivities in Wartime: The Therapeutic Geographies of Iraqi Healthcare-Seeking in Lebanon," *Global Public Health*, 13(3).

Dewachi, Omar, Mac Skelton, Vinh-Kim Nguyen, Fouad M Fouad, Ghassan Abu Sitta, Zeina Maasri, and Rita Giacaman (2014) "Changing Therapeutic Geographies of the Iraqi and Syrian Wars," *The Lancet*, 383(9915).

El-Sayed, Mohamed Helal (2016) "Multiple Heavy Metal and Antibiotic Resistance of Acinetobacter Baumannii Strain HAF-13 Isolated from Industrial Effluents," *American Journal of Microbiological Research*, 4(1).

Gordon, Joy (2012) *Invisible War: The United States and the Iraq Sanctions*, Harvard University Press.

Kanapathipillai, Rupa, Nada Malou, Kate Baldwin, Pascale Marty, Camille Rodaix, Clair Mills, Patrick Herard, and Malika Saim (2018) "Antibiotic Resistance in Palestine: An Emerging Part of a Larger Crisis," *British Medical Journal* (*BMJ*), 363.

Landecker, Hannah (2016) "Antibiotic Resistance and the Biology of History," *Body & Society*, 22(4).

Loewenberg, Sam (2018) "Yemen: A Deadly Mixture of Drug Resistance and War," *The Bureau of Investigative Journalism*, April 15.

Lohr, Benedikt, Yvonne Pfeifer, Ursel Heudorf, Christoph Rangger, Douglas E. Norris, and Klaus-Peter Hunfeld (2017) "High Prevalence of Multidrug-Resistant Bacteria in Libyan War Casualties Admitted to a Tertiary

Care Hospital Germany," *Microbial Drug Resistance*, 24(5).

Matar, Ghassan M., E. Gay, R. C. Cooksey, J. A. Elliott, W. M. Heneine, M. M. Uwaydah, R. M. Matossian, and F. C. Tenover (1992) "Identication of an Epidemic Strain of Acinetobacter Baumannii Using Electrophoretic Typing Methods," *European Journal of Epidemiology*, 8(1).

Silberman, Steven (2007) "The invisible Enemy," *Wired Magazine*, February 1.

コラム

医薬品の流通における国の機能と個人・グローバルの接点

清野薫子

医薬品は本来、各国が定める製造・取扱い管理、販売に関する法律や基準に沿って、安全性が確保された製品が流通するように規制されている。例えば患者・消費者の手に医薬品が渡る段階では、処方箋が必要かどうかの医薬品の分類、分類ごとの販売方法（薬局、一般小売店、インターネット販売の可否、販売者の資格の要不要）などが、国の法規で定められている。しかしながら、実際の個人の医薬品入手においては、必ずしも国が定める法規、安全基準のなかに収まっているわけではない。法規や管理体制が整った国に在住していても、そこから逸脱した方法での国内での医薬品入手、海外からの個人輸入などにより、国内の安全基準を満たさない医薬品を購入しているケースがある。また、品質・流通の国内管理体制が不十分な地域では、法規に該当する薬局・小売店等の正規ルートで入手していても、そこで販売されている医薬品が品質基準を満たしていないことがある。

世界保健機構（ＷＨＯ）の報告によれば、世界で流通する薬の一〇分の一が規格外医薬品（substandard medicine）あるいは偽造・模造薬（falsified medicine）の不良医薬品である（WHO 2017: 16–17）。同ＷＨＯ報告書のＷＨＯ地域区分による不良医薬品報告数の割合は、アフリカ地域四二％、ヨーロッパ地域（ロシア含む）二〇％、南北アメリカ地域二〇％である。不良医薬品の内訳は、抗マラリア薬や抗菌薬を含む感染症治療薬から、痩身効果や血圧、コレステロール値の低下といった非感染症を対象としたもの、勃起不全治療薬など多岐にわたる。抗マラリア薬を例にとると、二〇一三年に三九のアフリカ諸国で合計一二万以上の五歳未満児が、不適切な抗マラリア薬の服薬により死亡したと推定されている（Renschler et al. 2015）。偽造医薬品の流通を促す要因として、木村はインターネットの普及による消費者の市場へのアクセスの容易化、自己処方・セルフケア文化の高揚、医薬品取引のグローバル化、製造技術の普及、失業技術者の横流れなどをあげている（木村二〇一二）。

消費者個人の医薬品のグローバル市場へのアクセス方法については、インターネット経由による個人の医薬品輸入が主であるが、携帯電話による医薬品購入の例もみられる（Cohn et al. 2013; Wang et al. 2015）。医薬品取引のグローバル化、製造技術の普及には、インド・中国・南アフリカをはじめとする新興国でのジェネリック医薬品（後発医薬品）製造力の拡大、新興国で製造された後発医薬品の新興国及び開発途上国、特にアフリカ地域への輸出増加が関連している。ジェネリック医薬品を輸出する新興国では、薬事行政能力、法令順守の向上が課題となっている。また、医薬品需要を自国生産で賄う製造能力を持たずに新興国などからの後発医薬品の輸入に依存する途上国では、医薬品を規制する法律そのものに不備があったり、法規制があっても適切に執行管理する組織が存在しない、または、形式的に監査管理組織は存在するが機能していないことが多い。そのために、安全性が確保されていない不良医薬品の流通や、製品の認証と導入への長いタイムラグ等がみられる。

薬事体制が不十分な開発途上国での不良医薬品流通の防止策の一つとして、アフリカ連合モデル法（African Union Model Law on Medical Products Regulation）、略してAUモデル法がある。審査や認証の制度確立、実質化を国で担う負担は大きく、アフリカ地域で国レベルの対策を行っているのは、ルワンダを含むごく少数である。AU法は、医薬品の法規制の枠組みの調和（製造・流通免許の付与、製造設備の品質と安全性検査、臨床試験の承認、製品の品質管理等）をはかる。AUモデル法を導入する国々では、モデル法を自国内の法律に整合させ、効力を持たせている。個人の疑似薬利用防止策の例としては、ガーナの起業家が開発した技術サービスがあげられる。医薬品のパッケージに記載されたコードを携帯電話のテキストメッセージ（SMS）で送信するか、スマートフォンでバーコードをスキャンすることで、医薬品の登録情報を自動的に受信できる仕組みである。簡素な携帯電話保有率が高まった一方で、スマートフォンやインターネットの普及率が低い地域で実用的なこのサービスは、米国や欧州の大手製薬会社を顧客に持ち（URL①）、米国のコンピューター製造会社、IT企業とのサービス提携も発表された（URL②）。近年、ナイジェリアに続きケニアが、国内の同サービス導入を開始している。

このように医薬品の流通においては、インターネット等を通じた個人輸入にみられるように国の段階を経由せずに個人・グローバルが直接接点を持つ場合があること、また、薬局や正規販売店での海外からの不良医薬品の流通は、国の管理体制の脆弱性が個人とグローバルの関係を吸着させていると捉えられることから、国は個人とグローバルの医薬品消費を結び付ける媒介（mediator）として常に機能するわけではなく、個人とグローバルの関係性を調整する調整者（moderator）として機能することもあると考えられる。

参考文献

木村和子（二〇一二）「偽造医薬品の蔓延と対策」『薬剤学』第七二巻三号

Cohn, Jennifer, Tido von Schoen-Angerer, Elodie Jambert, Guido Arreghini, and Michelle Childs (2013) “When falsified medicines enter the supply chain: Description of an incident in Kenya and lessons learned for rapid response,” *Journal of Public Health Policy*, 34.

Renschler, John P., Kelsey M. Walters, Paul N. Newton, and Ramanan Laxminarayan (2015) “Estimating under-five deaths associated with poor quality antimalarials in sub-Saharan Africa,” *American Journal of Tropical Medicine and Hygiene*, 92(Suppl 6).

Wang, Ting, Stephen W. Hoag, Maria L. Eng, James Polli, and Neha Sheth Pandit (2015) “Quality of antiretroviral and opportunistic infection medications dispensed from developing countries and Internet pharmacies,” *Journal of Clinical Pharmacy and Therapeutics*, 40.

World Health Organization (WHO) (2017) “WHO Global Surveillance and Monitoring System for substandard and falsified medical products.”

URL

① https://www.bloomberg.com/news/features/2015-07-31/the-african-startup-using-phones-to-spot-counterfeit-drugs(二〇一九年一一月二〇日閲覧)

② https://www8.hp.com/us/en/hp-news/press-release.html?id=814373&pageTitle(二〇一九年一一月二〇日閲覧)

執筆者紹介

酒井啓子（さかい・けいこ）　奥付参照.

横田貴之（よこた・たかゆき）

1971年生．明治大学准教授．中東地域研究，現代エジプト政治.

石田　憲（いしだ・けん）

1959年生．千葉大学教授．国際政治史.

佐藤幸男（さとう・ゆきお）

1948年生．富山大学名誉教授．国際政治，第三世界文化研究.

高光佳絵（たかみつ・よしえ）

1970年生．千葉大学准教授．国際政治史，アメリカ外交史.

宮地隆廣（みやち・たかひろ）

1976年生．東京大学准教授．比較政治学，ラテンアメリカ政治.

丸山淳子（まるやま・じゅんこ）

1976年生．津田塾大学准教授．人類学，アフリカ地域研究.

佐川　徹（さがわ・とおる）

1977年生．慶應義塾大学准教授．人類学，アフリカ地域研究.

竹田晋也（たけだ・しんや）

1961年生．京都大学教授．東南アジア地域研究，森林科学.

ウマル・デワチ（Dewachi, Omar）

ルトガース大学教授．医療人類学.

清野薫子（せいの・かおるこ）

1979年生．東京医科歯科大学講師．社会医学.

編集

五十嵐誠一

1972年生．千葉大学大学院社会科学研究院教授．国際関係論，アジア研究．著書に『東アジアの新しい地域主義と市民社会』(勁草書房)等．

酒井啓子

1959年生．千葉大学グローバル関係融合研究センター長．地域研究(イラク政治)．著書に『イラクとアメリカ』『フセイン・イラク政権の支配構造』(岩波書店)等．

グローバル関係学7

ローカルと世界を結ぶ

2020年10月23日　第1刷発行

編　者　五十嵐誠一《いがらしせいいち》　酒井啓子《さかいけいこ》

発行者　岡本　厚

発行所　株式会社　岩波書店

〒101-8002　東京都千代田区一ツ橋2-5-5

電話案内　03-5210-4000

https://www.iwanami.co.jp/

印刷・法令印刷　カバー・半七印刷　製本・牧製本

ISBN 978-4-00-027060-1　Printed in Japan